V

5698

**E. NOBLET,** éditeur,

PARIS, RUE JACOB, 20.          | LIÉGE, PLACE DERRIÈRE SAINT-PAUL, 6.

# L'ART ARCHITECTURAL

# EN FRANCE

## DEPUIS FRANÇOIS Iᴿᴱ JUSQU'A LOUIS XIV.

## MOTIFS

### DE DÉCORATION INTÉRIEURE ET EXTÉRIEURE, DESSINÉS D'APRÈS DES MODÈLES

### EXÉCUTÉS ET INÉDITS

### DES PRINCIPALES ÉPOQUES DE LA RENAISSANCE

COMPRENANT

LAMBRIS, PLAFONDS, VOUTES, CHEMINEES,

PORTES, FENÊTRES, ESCALIERS, GRILLES, STALLES, BANCS-D'OEUVRE, AUTELS, CHAIRES A PRÊCHER,

CONFESSIONNAUX, TOMBEAUX, VASES, CANDÉLABRES, ETC., ETC.

PAR EUGÈNE ROUYER

ARCHITECTE, INSPECTEUR AUX TRAVAUX DU LOUVRE.

## PROSPECTUS.

Plusieurs publications ont déjà été consacrées à l'Architecture française de la Renaissance; des auteurs éminents ont étudié l'art de cette période avec le plus grand succès, tant au point de vue archéologique que dans ses rapports avec l'esprit des XVIᵉ et XVIIᵉ siècles; mais aucun de ces ouvrages n'a traité spécialement d'une des parties les plus intéressantes de cet ordre de recherches, nous voulons parler des *décorations intérieures et extérieures*, des boiseries, des ameublements, etc., etc., de ces époques.

1863

Nous avons jugé utile d'étudier, avec un soin particulier, cette partie, dont la connaissance est devenue si nécessaire de nos jours.

Laissant de côté ce qui appartient à l'histoire ou à la légende pour n'envisager que la partie usuelle et pratique, nous venons offrir aux architectes, aux sculpteurs et aux peintres une publication qu'ils consulteront toujours avec fruit, qui facilitera leurs études chaque fois qu'ils seront appelés à édifier ou à restaurer un *monument*, un *château*, une *maison*.

Nos modèles sont tous compris dans la période qui s'étend de FRANÇOIS I<sup>er</sup> à LOUIS XIV; nos dessins peuvent revendiquer la plus rigoureuse authenticité; tous sont empruntés à des monuments exécutés; enfin, tous sont INÉDITS. On a pris soin, en outre, de les profiler avec la plus grande exactitude.

Chaque planche indiquera l'époque des constructions, ou celle des détails qui y seront représentés.

---

Cet ouvrage se composera de 100 planches grand in-4° jésus, gravées sur acier par les meilleurs artistes de Paris, et divisées en 50 livraisons de 2 planches chacune.

Une table et un texte seront joints aux dernières livraisons.

## Prix de la Livraison : 1 fr. 60 c.

### ON SOUSCRIT À PARIS, CHEZ E. NOBLET, ÉDITEUR, RUE JACOB, 20.
#### ET A LIÉGE, MÊME MAISON.

NOTA. MM. les souscripteurs recevront les livraisons, directément et *franco* par la poste, au fur et à mesure qu'elles paraîtront.

La première livraison sera envoyée à l'examen, sur demande adressée à l'éditeur.

## LA PREMIÈRE LIVRAISON EST EN VENTE.

TYPOGRAPHIE HENNUYER, RUE DU BOULEVARD, 7. BATIGNOLLES.
Boulevard extérieur de Paris.

NOBLET & BAUDRY, Libraires-Éditeurs,

PARIS, RUE JACOB, 20. | LIÉGE, PLACE SAINT-PAUL, 6.

# L'ART ARCHITECTURAL

## EN FRANCE

### DEPUIS FRANÇOIS Ier JUSQU'A LOUIS XIV

## MOTIFS DE DÉCORATION INTÉRIEURE ET EXTÉRIEURE

DESSINÉS D'APRÈS DES MODÈLES EXÉCUTÉS ET INÉDITS

### DES PRINCIPALES ÉPOQUES DE LA RENAISSANCE

COMPRENANT

LAMBRIS, PLAFONDS, VOUTES, CHEMINÉES,
PORTES, FENÊTRES, ESCALIERS, GRILLES, STALLES, AUTELS, CHAIRES A PRÊCHER,
CONFESSIONNAUX, TOMBEAUX, VASES, CANDÉLABRES, ETC., ETC.

### Par EUGÈNE ROUYER

Architecte, ancien Inspecteur aux travaux du Louvre.

TEXTE

### Par ALFRED DARCEL

Attaché à la conservation des Musées impériaux, Correspondant du Comité des monuments historiques.

## PROSPECTUS

Plusieurs publications ont déjà été consacrées à l'Architecture française de la Renaissance, des auteurs éminents ont étudié l'art de cette période avec le plus grand succès, tant au point de vue archéologique que dans ses rapports avec l'esprit des XVIe et XVIIe siècles; mais aucun de ces ouvrages n'a traité spécialement d'une des parties les plus intéressantes de cet ordre de recherches, nous voulons parler des *décorations intérieures et extérieures*, des boiseries, des ameublements, etc., etc., de ces époques.

Nous avons jugé utile d'étudier, avec un soin particulier, cette partie, dont la connaissance est devenue si nécessaire de nos jours.

Laissant de côté ce qui appartient à l'histoire ou à la légende pour n'envisager que la partie usuelle et pratique, nous venons offrir aux architectes, aux sculpteurs et aux peintres une publication qu'ils consulteront toujours avec fruit, qui facilitera leurs études chaque fois qu'ils seront appelés à édifier ou à restaurer un *monument,* un *château,* une *maison.*

Nos modèles sont tous compris dans la période qui s'étend de François Iᵉʳ à Louis XIV; nos dessins peuvent revendiquer la plus rigoureuse authenticité; tous sont empruntés à des monuments exécutés; enfin, tous sont INÉDITS. On a pris soin, en outre, de les profiler avec la plus grande exactitude et d'en coter toutes les parties.

Chaque planche indiquera l'époque des constructions, ou celle des détails qui y seront représentés.

————————

Cet ouvrage se composera de 200 planches grand in-4° jésus, gravées sur acier par les meilleurs artistes de Paris, et accompagnées d'un texte et de tables.

Le premier volume est complet; il comprend 100 planches, un texte et une table, et se vend séparément : 100 francs.

Les nouveaux souscripteurs à l'ouvrage complet payeront le premier volume au prix ancien de 80 francs.

Le second volume se composera, comme le premier, de documents inédits des époques de François Iᵉʳ à Louis XIV, et comprendra de plus les décorations intérieures les plus remarquables des époques de Louis XV et de Louis XVI.

Il se publie par livraisons de deux planches gravées sur acier, et formera 50 livraisons.

Une table et un texte seront joints aux dernières livraisons.

## PRIX DE LA LIVRAISON : 1 FR. 60 C.

La première livraison sera envoyée à l'examen aux personnes qui en feront la demande par lettre affranchie.

*Les deux premières livraisons du 2ᵉ volume sont en vente.*

PARIS. — IMPRIMERIE DE J. CLAYE, RUE SAINT-BENOIT, 7.

# L'ART ARCHITECTURAL

## EN FRANCE

### DEPUIS FRANÇOIS Iᵉʳ JUSQU'A LOUIS XIV

---

### TOME PREMIER

PARIS. — TYPOGRAPHIE HENNUYER, RUE DU BOULEVARD, 7.

# L'ART ARCHITECTURAL

## EN FRANCE

### DEPUIS FRANÇOIS Ier JUSQU'A LOUIS XIV

### MOTIFS DE DÉCORATION INTÉRIEURE ET EXTÉRIEURE

DESSINÉS D'APRÈS DES MODÈLES

### EXÉCUTÉS ET INÉDITS

### DES PRINCIPALES ÉPOQUES DE LA RENAISSANCE

COMPRENANT

LAMBRIS, PLAFONDS, VOUTES, CHEMINÉES, PORTES, FENÊTRES, ESCALIERS, GRILLES, STALLES, CHAIRES A PRÊCHER, AUTELS, CONFESSIONNAUX, TOMBEAUX, VASES, CANDÉLABRES, ETC., ETC.

PAR

#### EUGÈNE ROUYER

Architecte, ancien inspecteur aux travaux du Louvre.

TEXTE

#### PAR ALFRED DARCEL

Attaché à la conservation des Musées impériaux, correspondant du Comité
des monuments historiques.

TOME PREMIER

## PARIS

NOBLET ET BAUDRY, LIBRAIRES-ÉDITEURS
Rue Jacob, 20
A LIÉGE, MÊME MAISON
1863

# INTRODUCTION

L'archéologie suit presque année par année les transformations que l'arch -
tecture du moyen âge a subies. Mais arrivée à la Renaissance, à une époque où
les documents abondent, il semble que, séduite par la grâce toute nouvelle des
monuments qu'elle rencontre, elle ait abdiqué toute idée critique Alors qu'il
serait plus facile, les textes en main, de suivre pas à pas l'architecture dans ses
transformations, on se contente de monographies séparées, sans plan d'ensemble.
La bizarrerie d'un tel fait avait à bon droit de quoi frapper ceux surtout qui,
pratiquant l'architecture d'une manière plus active que scientifique, se trouvent
arrêtés à chaque pas dans leurs travaux par des questions de date. M. E. Rouyer
a voulu aider ceux-ci à se reconnaître dans ce dédale, en leur donnant quelques
jalons. De plus, il a choisi ses modèles, surtout dans l'intérieur des édifices,
ayant remarqué avec raison que l'on avait négligé jusqu'ici ces détails d'ameublement en pierre, en marbre ou en bois, que les architectes actuels sont amenés
à établir dans les demeures qu'ils élèvent aujourd'hui.

Dépassant la Renaissance, après nous avoir montré les différentes transformations qu'elle a subies sous les derniers Valois et les premiers Bour-
bons, M. E. Rouyer est arrivé jusqu'aux confins du dix-septième siècle, à l'époque
où l'architecture et l'ornement conservent encore quelque chose de la symétrie
et du balancement antiques.

Depuis les dernières années de Louis XII jusqu'à la fin du règne de Louis XIV, il y a dans l'art architectural de profondes modifications que l'on peut suivre dans ce recueil. Mais à travers le dix-huitième siècle, il y a encore des transformations qu'il est intéressant d'étudier et utile de faire connaître, pour montrer d'abord par quelles transitions cet art a passé avant d'arriver à ne plus être soumis qu'à un caprice sans frein, puis par quelle réaction, naissant de l'excès même du mal, l'étude de l'antique provoqua une seconde Renaissance, possédant sa physionomie originale et gracieuse, avant de se perdre dans une imitation servile et froide de l'antiquité. L'étude de cette seconde époque, presque aussi inconnue dans son histoire que les architectures les plus anciennes, formera la matière d'un second volume que l'on s'efforcera de rendre pratique avant tout. Comme les exemples du premier volume, ceux du second seront tous pris parmi les monuments *exécutés* et *inédits*. Nous comblerons ainsi une nouvelle lacune, car les ouvrages contemporains des époques que nous nous proposons d'étudier ne renferment pour ainsi dire que des projets inexécutés, tandis que c'est sur des œuvres existantes, considérées à juste titre comme des types, que nous choisirons nos motifs. Nous nous rendrons ainsi utile, tout en étant nouveau, et nous ne doutons point que la même faveur qui a accueilli la première partie de l'*Art architectural en France* ne soit réservée à la seconde.

## CHEMINÉE

DE

# L'HOTEL D'ALLUYE A BLOIS

UNE PLANCHE

C'est Florimond Robertet, ministre et secrétaire des finances sous les rois Louis XII et François I⁁ᵉʳ, qui fit construire, à Blois, l'hôtel auquel on donna le nom d'Alluye, qui était celui d'une baronnie que la famille Robertet possédait dans le Perche. Le cardinal de Guise l'occupa en 1588, lors des seconds états de Blois [1].

Vers l'année 1508 Florimond Robertet acheva de construire cette résidence, comme le prouve une correspondance de cette même année, relative au *David* de Michel-Ange, que la république de Florence envoya au trésorier de France [2]. La cheminée de la salle des Gardes que nous publions est d'une époque qui précède donc de quelques années l'avénement de François I⁁ᵉʳ au trône. Pour cette raison elle doit figurer en tête de notre recueil. Le semis de fleurs de lis et d'hermine qui orne le manteau de cette cheminée, la cordelière d'Anne de Bretagne, dont les nœuds sont sculptés dans l'encadrement de ce manteau, nous semblent corroborer les données de l'histoire et faire attribuer ce monument à l'époque de Louis XII. Cette cheminée, construite en pierre, mesure une hauteur

---

[1] L. de La Saussaye, *Blois et ses environs.* 3ᵉ édition. Petit in-8°. Aubry. Paris, 1862.

[2] F. Reiset, *Un bronze de Michel-Ange.* Petit in-8° de 60 pages. Paris, 1853.

totale de 3ᵐ,68 et une largeur de 3ᵐ,24 à la base. Son manteau fait une saillie de 0ᵐ,665 sur le nu du mur. Le foyer, haut de 1ᵐ,70 et large de 1ᵐ,88, est encadré d'une vigoureuse moulure et compris entre deux solides pilastres cannelés à rudentures, qui supportent le linteau par l'intermédiaire de deux modillons en consoles. Une moulure lisse à plusieurs membres, une frise comprise entre deux avant-corps en saillie à l'aplomb des pilastres, et une corniche décorée d'oves, à ressauts sur les avant-corps de la frise, forment le linteau. Des rinceaux feuillagés, abondants, s'enroulant symétriquement de chaque côté de l'axe, décorent la frise, et les armes de Robertet sont sculptées sur les avant-corps. Le manteau de la cheminée est formé d'un panneau compris entre deux courts pilastres. Ces pilastres sont décorés d'arabesques dont le motif est un vase d'où sort une végétation de fantaisie sur laquelle pose un oiseau aux ailes ouvertes. Le panneau est entouré d'une moulure dont la gorge est remplie sur trois côtés de la cordelière à nœuds que nous avons déjà signalée ; son champ est formé d'un losangé alternativement de France et de Bretagne. L'écu de France, surmonté d'une couronne ouverte, qui doit être la couronne de France, et entouré du collier de l'ordre de Saint-Michel, le tout sculpté en relief, occupe le centre. Une voussure, dont les surfaces courbes se projettent en avant en épousant les saillies de l'architecture de la cheminée, amortit le tout. Des cartouches aux ornements symétriques, dans lesquels des oiseaux interviennent souvent, décorent cette voussure. Ces oiseaux doivent être les papegais affrontés des armes de Michelle Gaillard, femme de Florimond Robertet. La vue en profil de la cheminée nous montre un trophée militaire sculpté sur le manteau, et une inscription grecque gravée sur le linteau. Cette inscription, qu'il faut lire : ΜΕΜΝΗΣΟ ΤΗΣ ΚΟΙΝΗΣ ΤΥΧΗΣ, signifie : «Souviens-toi de la fortune publique, » devise bien appropriée à la demeure d'un secrétaire des finances.

Rapprochée de l'écusson qui orne la face antérieure du linteau, cette devise montre que la cheminée de l'hôtel d'Alluye fut construite antérieurement à l'anecdote que rapportent les chroniqueurs.

Louis XII ayant dit, devant Florimond Robertet, que toutes les « plumes» volaient, le secrétaire des finances repartit vivement : *Fors ungne, sire !* et obtint d'ajouter à ses armes ce *vol* qui ne volait point, et de prendre l'exclamation : *Fors ungne,* comme devise. Ces armes furent alors d'azur, à la bande d'or, chargée d'un vol de sable, accompagné de trois étoiles d'argent. Or, les deux ailes accouplées font défaut sur la bande de l'écusson deux fois répété sur le linteau.

Les armes complètes et la devise se voient dans d'autres parties de l'hôtel d'Alluye, dont une des façades, encore intacte, est ornée de deux galeries super-posées à arcs surbaissés que supportent de courtes colonnes. Des médaillons en terre cuite, représentant les douze Césars, ornent le bahut de la galerie du pre-mier étage, souvenirs flagrants laissés par les artistes italiens que Louis XII dut employer aux constructions du château de Blois, et que son trésorier se plut certainement à emprunter au roi.

Ainsi, la cheminée de l'hôtel d'Alluye serait une des parties les plus anciennes de cette demeure, qui fut achevée, avons-nous dit, vers l'année 1508.

# BOISERIE D'UNE CHAPELLE

## (ÉGLISE SAINT-VINCENT DE ROUEN)

DEUX PLANCHES

Cette boiserie garnit le mur de la chapelle méridionale de l'église Saint-Vincent de Rouen, qui appartient au quinzième siècle pour tout le reste. Bien que l'histoire de cette église soit muette sur l'époque où ce revêtement fut fait et mis en place, nous croyons pouvoir en fixer la date à la première année du règne de François Iᵉʳ. En effet, l'analogie évidente qui existe entre les colonnes à balustres en forme de candélabres qui séparent les panneaux du second rang et les ornements d'un vitrail placé immédiatement au-dessus, nous induit à croire que le vitrail et la boiserie sont du même temps et appartiennent au même ensemble. Or, comme la peinture sur verre est datée de 1515, nous pensons que la boiserie doit être placée en tête des monuments du règne de François Iᵉʳ, bien que l'examen le plus attentif ne nous ait pas permis de reconnaître le moindre millésime sur aucun des nombreux cartouches qui semblent avoir été sculptés tout exprès pour en recevoir. A cette époque, Georges d'Amboise Iᵉʳ, archevêque de Rouen, avait fait achever les travaux du château de Gaillon, et Georges d'Amboise II commençait d'ériger à son oncle le magnifique tombeau qui décore la chapelle de la Vierge de la cathédrale. Le style de la Renaissance, que le maître maçon Pierre Valence, de Tours, avait apporté en

Normandie, s'épanouissait à Rouen, où il allait produire des chefs-d'œuvre de délicatesse et de grâce. On ne doit donc point s'étonner qu'au moment où Louis XII laissait la couronne à François I$^{er}$, toute trace de l'art gothique eût disparu dans un pays où le cardinal d'Amboise avait apporté le goût et la pratique de l'art nouveau.

La boiserie de l'église Saint-Vincent, haute de 3$^m$,364 et large de 4$^m$,30, se compose, en hauteur, d'un soubassement, de deux rangs de panneaux étroits, d'inégale hauteur, et séparés par une moulure ; puis d'une frise placée entre une seconde moulure et une corniche qui surmonte le tout. En largeur, il y a quatorze travées.

Un banc plein recouvre aujourd'hui le soubassement, mais il est possible que cette addition moderne n'ait fait que remplacer un banc plus ancien, car les panneaux inférieurs n'étant sculptés qu'à leur sommet, cette partie de la boiserie peut fort bien convenir au dossier d'un siége.

Les ornements des panneaux, exécutés d'un ciseau aussi hardi que précis, appartiennent au genre d'arabesques que le quinzième siècle italien imagina de sculpter à l'imitation des peintures antiques. C'est l'assemblage des choses les plus hétérogènes, où l'artiste a introduit cependant quelques objets du mobilier ecclésiastique. Ainsi, on reconnaît facilement un ciboire surmonté d'une hostie, et deux chandeliers d'autel. Tout le reste n'est que carquois, que boucliers, que massacres accompagnés de dauphins, de têtes de séraphins, et surtout de cartouches en tablettes, accompagnés d'ornements feuillagés, de perles et de bandelettes. La lettre S, traversée par une torche renversée, signe de mort, se rencontre quatre fois. Est-ce la lettre initiale du nom de la personne qui aurait légué l'argent nécessaire à la confection de cette menuiserie?

Des colonnes à renflements, à balustres, ornées de feuillages et de cannelures, portées sur un culot et ayant un vase enflammé pour chapiteau, sont appliquées sur le nu des montants qui séparent le second rang de panneaux. Quant aux chiffres que portent les trois écus de la frise de couronnement, ils forment le monogramme du Christ. Des chimères, tenant les couronnes qui entourent ces écus et se terminant par des volutes abondamment feuillagées, amorties en tête de bouc ou en tête de dauphin, ornent cette frise. Des enfants ailés, tenant un vase deux à deux, occupent le milieu des deux parties semblables qui la composent.

La planche de détails nous dispense d'insister sur le profil et sur les dimensions des moulures qui encadrent les panneaux, ou des corniches qui se projettent en saillie. Les courbes des différents membres de ces moulures appartiennent à l'architecture antique, mais il convient de faire remarquer dans l'encadrement des panneaux quelques traces des habitudes gothiques du quinzième siècle. Ainsi la gorge creusée sur la face des encadrements inférieurs n'est séparée des moulures placées en retraite que par un filet qui, au lieu de s'arrêter à chaque angle, se prolonge jusqu'à sa rencontre avec le bord extérieur de la gorge. De plus, la moulure extrême de l'encadrement, au lieu de se profiler tout autour du panneau, se perd dans un biseau qui sert d'encadrement à la partie inférieure.

Ainsi, bien que la physionomie générale de cette menuiserie soit entièrement inspirée de l'antique, il est certains détails cependant qui témoignent d'une certaine persistance dans les habitudes des ouvriers auxquels en était confiée l'exécution.

PLAFOND

# DE LA LIBRAIRIE DE LA REINE

(CHATEAU DE CHENONCEAU)

———

UNE PLANCHE

———

Au commencement de l'année 1496, Thomas Bohier, baron de Saint-Cyergue et général des finances de Normandie, acheta sur les bords du Cher un modeste manoir, qu'il remplaça bientôt par le château si connu de Chenonceau [1]. Les constructions, qui remplacèrent celles d'un moulin bâti dans le Cher, étaient déjà fort avancées en 1515, car, en cette année, François I$^{er}$ autorisa Thomas Bohier à construire le pont, surmonté d'une galerie, qui traverse la rivière, et qui ne fut édifié qu'en 1555 par Diane de Poitiers, à laquelle Henri II avait donné le château de Chenonceau.

Antoine Bohier mourut en 1523; sa femme, Catherine Briçonnet, peu de temps après, et François I$^{er}$ acheta Chenonceau d'Antoine Bohier, leur fils, en 1535. Après avoir été aliénée à Diane de Poitiers, cette demeure vint dans les mains de Catherine de Médicis, qui en exigea la restitution lorsqu'elle fut devenue régente de France, après la mort de Henri II.

[1] L. de La Saussaye, *Blois et ses environs*. 3ᵉ édition.

PLAFOND

# DE LA LIBRAIRIE DE LA REINE

### (CHATEAU DE CHENONCEAU)

UNE PLANCHE

Au commencement de l'année 1496, Thomas Bohier, baron de Saint-Cyergue et général des finances de Normandie, acheta sur les bords du Cher un modeste manoir, qu'il remplaça bientôt par le château si connu de Chenonceau [1]. Les constructions, qui remplacèrent celles d'un moulin bâti dans le Cher, étaient déjà fort avancées en 1515, car, en cette année, François I<sup>er</sup> autorisa Thomas Bohier à construire le pont, surmonté d'une galerie, qui traverse la rivière, et qui ne fut édifié qu'en 1555 par Diane de Poitiers, à laquelle Henri II avait donné le château de Chenonceau.

Antoine Bohier mourut en 1523; sa femme, Catherine Briçonnet, peu de temps après, et François I<sup>er</sup> acheta Chenonceau d'Antoine Bohier, leur fils, en 1535. Après avoir été aliénée à Diane de Poitiers, cette demeure vint dans les mains de Catherine de Médicis, qui en exigea la restitution lorsqu'elle fut devenue régente de France, après la mort de Henri II.

---

[1] L. de La Saussaye, *Blois et ses environs*. 3<sup>e</sup> édition.

La lettre K, qui est si souvent répétée avec d'autres sur le plafond de la pièce connue, à Chenonceau, sous le nom de « librairie de la reine, » pourrait être prise pour le chiffre de Katerine, si les noms et les faits que nous venons de relater ne nous donnaient avec certitude l'explication de toutes les initiales sculptées sur ce plafond, et une date approximative pour sa construction. Les deux lettres T. B. sont les initiales de Thomas Bohier, et les deux autres, T. K., celles des noms de baptême du même Thomas Bohier et de Katerine Briçonnet, sa femme. D'ailleurs, le lion passant, quatre fois répété dans les écussons des six caissons hexagones, est celui des Bohier, qui portaient « d'or au lion d'azur, au chef cousu de gueules[1]. » Le chef de gueules n'a point été indiqué par le sculpteur, qui a suivi les habitudes de l'époque, où l'on était accoutumé à peindre les écus de leurs émaux.

Comme Thomas Bohier et sa femme sont morts en 1523, nous pouvons dire que ce plafond est antérieur à cette année, sans qu'il nous soit possible de préciser historiquement à quelle époque il appartient de la période écoulée depuis le commencement du siècle; cependant, nous croyons devoir l'attribuer aux premiers temps du règne de François I<sup>er</sup>. Nous voyons dans ses ornements moins de finesse que dans ceux de la boiserie de Saint-Vincent de Rouen; mais le principe et le style sont les mêmes, il n'y a peut-être qu'une différence d'école à noter entre ces deux boiseries.

Plusieurs coupes, indiquées sur l'ensemble que nous publions, montrent des moulures multipliées et très-fines, et viennent corroborer les inductions que nous avons puisées dans le style des ornements sculptés, pour attribuer le plafond de la librairie de la reine à l'époque de François I<sup>er</sup>.

[1] Cabinet des Titres à la Bibliothèque impériale.

# PLAFOND EN BOIS

# D'UNE MAISON DE ROUEN

———

UNE PLANCHE

————

Cette boiserie, qui couvre aujourd'hui le plafond de l'un des cabinets qui renferment la collection de M. Lecarpentier à Paris, était le plus bel ornement d'une maison située rue du Gros-Horloge, à Rouen, et démolie il y a une vingtaine d'années. Les lambris, fort simples, étaient formés d'une foule de petits panneaux assemblés dans des encadrements peu saillants et à moulures peu compliquées ; mais le plafond, d'une simplicité fort étudiée, jurait quelque peu, par sa richesse, avec le revêtement des murs.

Comme à la célèbre boiserie du plafond de l'ancienne salle de l'Echiquier, aujourd'hui salle des Assises au Palais de justice de Rouen, les pendentifs qui font saillie sur les petits caissons sont accompagnés de consoles, détail qui peut servir à dater approximativement ce travail. Ce fut sous Louis XII, vers 1509, que Roulland Leroux, l'architecte de la cathédrale, commença les constructions de l'Echiquier contre le parloir aux bourgeois que l'on élevait alors. Les deux édifices appartiennent au style gothique, le second étant encore d'un style plus fleuri que le premier. Le plafond, au contraire, montre les formes de la Renaissance, mais on doit croire qu'il fut exécuté pendant les dernières années de Louis XII ou les premières de François I<sup>er</sup>. C'est donc au commencement du règne de ce prince, vers l'année 1515 au plus tôt, que ce plafond de la rue du Gros-Horloge a dû être établi. La finesse de ses profils, le style des parties qui y sont sculptées, nous font croire qu'il n'est pas non plus de beaucoup postérieur à cette année, et qu'il faut le placer aux origines de la Renaissance en Normandie.

# PORTE DE L'ÉGLISE D'AINAY

(LYON)

UNE PLANCHE

Nous ne possédons aucun renseignement sur l'époque précise où fut faite la porte dont la Renaissance vint clore l'une des baies de l'antique église d'Ainay, cette basilique latine élevée du dixième au onzième siècle dans la métrpole des Gaules. C'est une imitation trompeuse des plafonds à compartiments comme ceux que nous venons d'étudier, combinée avec un mode d'ornementation assez fréquent au quinzième siècle dans le centre de la France. Les bois qui tracent un dessin si élégant sur cette porte ne sont point, en effet, assemblés avec des panneaux qu'ils semblent encadrer, mais simplement fixés sur des ais de bois, au moyen de clous à tête de diamant placés avec soin, et qui constituent le système de décoration auquel nous faisions allusion. Ceux de ces clous qui sont fichés sur les traverses sont utiles ; mais ceux qui sont dans les compartiments ne le sont point, et nous semblent un souvenir d'une méthode de construction de portes sans traverses de renfort qui est très-usitée dans le Midi. Cette méthode consiste à clouer ensemble deux épaisseurs de planches à joints croisés, c'est-à-dire les unes horizontales et les autres verticales. Dans ce cas, les clous sont nécessaires et peuvent faire une sorte d'ornementation. L'on fut sans doute conduit à diviser les plafonds de boiseries en petits compartiments afin

de ne point montrer les joints des planches de remplissage, de même que l'on
fut conduit, dans les exemples que nous ont fournis le château de Chenonceau
et la maison de Rouen, à cacher par des ornements les joints d'assemblage des
bois d'encadrement. Dans le second cas même, de petites moulures rapportées
sur le fond ont permis de n'employer que des planches très-petites, et ne risquant
point de se fendre par la dessiccation. Ces nécessités de construction ne furent
point comprises par l'ouvrier qni exécuta la porte d'Ainay; aussi nous pensons
que son œuvre, appartenant à une époque d'imitation, doit être assez avancée
dans la Renaissance.

## CHAMBRE A COUCHER

# DE LA DUCHESSE D'ÉTAMPES

### (PALAIS DE FONTAINEBLEAU)

UNE PLANCHE DOUBLE

C'est en 1570 seulement que Niccolo dell'Abbate peignit l'histoire d'Alexandre dans la chambre que « les Comptes des bâtiments royaux [1] » appellent la Chambre de M^me d'Etampes, au donjon du château. Le cartouche ovale qui forme le centre de la décoration que montre notre planche, contient un des sujets de cette suite, et représente *Apelles peignant Alexandre et Campaspe*. Mais les figures et les ornements en stuc, qui forment le motif principal de la décoration, sont-ils de cette époque avancée de la Renaissance, et faut-il en faire honneur au règne de Charles IX? Nous ne le pensons pas. Ces stucs ont trop d'analogie avec ceux de la grande galerie pour qu'on ne doive pas les croire de la même époque, et, si les Comptes que nous avons déjà cités ne sont point très-explicites quand il s'agit de la chambre de M^me d'Etampes, ils sont très-précis pour tout ce qui regarde la grande galerie.

Les travaux des stucs de Fontainebleau commencent vers l'année 1533, sous la conduite du Primatice, et semblent n'avoir été faits tout d'abord que dans la chambre du roi et dans celle de la reine; puis ils se prolongent, à partir de l'année 1535, tandis que l'on s'occupe de ceux de la grande galerie, où le Rosso intervient l'année suivante. Cependant, dans un autre Compte, nous trouvons qu'en novembre 1533, le Primatice reçut, conjointement avec Nicolas Belin, dit Modesne, une certaine somme pour les ouvrages commencés en la chambre de

[1] M. le comte Léon de Laborde, *la Renaissance à la cour de France*. Tome I, pages 331, 385, 427.

3

la grosse tour. Si cette grosse tour est la même chose que le donjon, il s'agit alors de la chambre de M^me d'Etampes. Cette pièce reparaît, de 1540 à 1550, à propos de sommes allouées à des « peintres d'images, pour ouvrage de peinture qui ont vacqué et faites... en la chambre de M^me d'Estampes. »

Nous voyons que c'est le Primatice qui a composé le dessin de ces stucs avec un autre peintre italien, Nicolas Belin, probablement de Modène. Peut-être ce dernier était-il stucateur en même temps que peintre. C'est la seule fois qu'il en soit fait mention. Pendant les cinq mois que dura son travail, il fut payé à raison de 20 livres par mois, comme la plupart des peintres et imagiers auxquels leur talent a fait un nom. A la même époque, le Primatice était payé 25 livres, et le Rosso 50 livres.

Dans ces longues figures élégantes et dans ces termes que l'on aimait tant alors, on retrouve davantage le style de Primatice que celui du Rosso, qui était plus accentué. Quant à leur rapport avec l'architecture de la pièce, il est impossible d'en juger maintenant. Du reste, elles sont privées aujourd'hui des dorures et des peintures qui les revêtaient et les accompagnaient, comme cela est manifeste par l'état des dépenses que relatent les Comptes des bâtiments. Le plafond ancien a été enlevé lorsque, sous Louis XV, on transforma cette chambre en cage d'escalier, et l'on dut en modifier l'ornementation, car il y a des tableaux de la suite de l'histoire d'Alexandre, mentionnés par d'anciennes descriptions, qui ne se retrouvent plus aujourd'hui.

Quant aux boiseries qui sont figurées au-dessous des stucs inventés par le Primatice, elles sont empruntées à la grande galerie. Ces boiseries, qui portent dans les magnifiques encadrements de leurs panneaux le chiffre et le nom de François I^er, doivent être de Francisque Seibecq, dit de Carpy, menuisier italien, dont un marché de 1541, malheureusement perdu, devait mentionner les travaux en détail. En 1555, on retrouve encore ce même menuisier, puis en 1557, occupé à faire des bordures de tableaux enrichies de « taille vernie, » tandis qu'un autre menuisier, Ambroise Perret, passe un marché pour le plafond sculpté de la chambre du roi.

L'indication des derniers travaux ornés de sculptures dont Francisque Seibecq est chargé, la somme considérable qu'il reçoit pour les travaux commandés en 1541, nous font croire que les panneaux dessinés dans notre planche ont été sculptés par cet artiste italien, tandis que de simples ouvriers français exécutaient le travail et l'assemblage des bois.

# TOMBEAU DE LOYS DE BRESZÉ

(CATHÉDRALE DE ROUEN)

———

TROIS PLANCHES, DONT UNE DOUBLE

Deux œuvres de la Renaissance, des plus importantes et des plus belles qui
soient, ont survécu, dans la cathédrale de Rouen, aux nombreuses causes de des-
truction qui ont ruiné, depuis trois siècles, la plupart des monuments funèbres
qui décoraient cette église. Le dix-huitième siècle leur fut plus funeste que la
Révolution, et, devant un clergé vandale et froidement destructeur par mauvais
goût, rien ne trouva grâce, ni la tombe des ducs ni celle des rois bienfaiteurs de
l'église. C'est donc par un heureux hasard que nous pouvons encore admirer
intacts le tombeau des cardinaux d'Amboise et celui de Louis de Brézé, élevés l'un
vis-à-vis de l'autre dans la chapelle absidale. Louis de Brézé fut inhumé à côté
de Pierre de Brézé, son grand-père, dont la tombe, de style gothique, date des
dernières années du quinzième siècle. Celle que Diane de Poitiers éleva à son
mari, mort en 1531, commencée vers 1535, était achevée avant l'année 1544 [1].
Elle est entièrement en marbre noir et en albâtre alternés avec une affectation
un peu puérile. Ainsi, le soubassement général est en marbre noir, le stylobate
des colonnes en albâtre, et sa corniche en marbre noir ; le socle et le chapiteau

---

[1] A. Deville, *Tombeaux de la cathédrale de Rouen*, ouvrage excellent auquel nous faisons de
larges emprunts. 1 volume in-8°, avec figures. Nicétas Periaux ; Rouen, 1837.

des colonnes sont en albâtre, tandis que les fûts sont en marbre noir. Dans l'entablement, la frise sculptée est en albâtre, ainsi que toutes les parties sculptées et la statuaire du monument, tandis que les moulures sont, au contraire, de marbre noir. Enfin, dans le couronnement il n'y a que les deux colonnes qui accompagnent la statue terminale qui soient en noir. Du reste, les deux planches de détails indiquent ces alternances.

Le mausolée de Louis de Brézé se compose d'un placage qui monte jusqu'à une hauteur de 7ᵐ,30 et qui est large de 3ᵐ,25, encadrant un sarcophage en marbre noir, sur lequel est couché le corps du mort à peine recouvert d'un linceul. Deux ordres superposés, l'inférieur de deux colonnes corinthiennes accouplées, et le supérieur de deux cariatides, encadrent de chaque côté le sarcophage et font saillie sur le nu du mur, divisé en deux étages par l'entablement du premier ordre qui se profile entre les deux avant-corps. Des tablettes en marbre noir, encadrées de cartouches enroulés accompagnés de guirlandes de fruits, décorent le panneau inférieur. Une statue équestre de Louis de Brézé, cavalier et monture armés de toutes pièces, occupe tout le panneau supérieur en avant d'une arcade pleine, dont deux Victoires garnissent les tympans.

L'amortissement placé au-dessus de l'entablement du dernier ordre se compose, au centre, d'une niche simulée, accompagnée de deux colonnes, et se raccordant par deux consoles renversées à deux stylobates placés à l'aplomb des cariatides. Une statue est assise en avant de la niche. Deux chèvres debout, tenant devant elles des écussons chargés de chiffres, se dressent au-dessus des stylobates.

Ainsi, ce monument, bien que très-abondant en détails, est avant tout d'une composition très-simple, où les masses dominent. L'iconographie en est des plus simples, bien que la manie d'inventions absurdes qui caractérise les cicerones ait égaré le public sur la signification de plusieurs des figures si remarquables qui le décorent. Louis de Brézé, mort, est représenté par la figure admirable qui est couchée sur le sarcophage. Derrière sa tête, sous le soffite qui relie les deux colonnes de l'ordre inférieur aux pilastres qui leur correspondent contre le mur, Diane de Poitiers, en costume de veuve, est agenouillée, et adresse à la Vierge, placée en face et qui lui présente son fils en signe de miséricorde, les prières inscrites, l'une sur le sarcophage, l'autre sur le revêtement du mur, au-dessus des deux tablettes. La première est celle-ci : *Misericordes oculos ad nos converte ;* l'autre : *Suscipe preces Virgo benigna.* Malgré le sens bien clair de cette invocation, on a voulu voir dans cette figure de la Vierge celle de Diane de Poitiers jeune, présentant son fils à son époux, sans songer que la duchesse de Valentinois n'avait eu que des filles. D'autres ont prétendu que c'était Louis de Brézé, enfant, entre les bras de sa nourrice. Une autre effigie du mort, mais vivant et debout avec ses insignes, le collier de l'ordre au cou, la couronne de comte en tête, s'élevait en arrière du sarcophage, à ce qu'assure M. A. Deville. Mais nous ne pouvons guère en regretter la disparition, car l'absence de cette statue ne nuit en rien à l'ordonnance du monument, et nous croyons plutôt que celle-ci devait mal s'ajuster avec les cartouches qu'elle cachait certainement en partie. Louis de Brézé était là en costume de cour ; plus haut en costume de guerre ; plus bas, couché au tombeau ; de côté, presque naissant ; de telle sorte qu'il aurait été représenté dans toutes les phases de son existence.

Derrière les statues de la Vierge et de Diane, deux petites figures d'anges sont placées sur des socles en encorbellement.

Deux longues inscriptions, enlevées lors de la Révolution, puis rétablies ou restaurées depuis, sont gravées en lettres gothiques, comme toutes celles du monument, dans les tablettes de marbre noir encastrées au-dessus du sarcophage.

A gauche est celle-ci, dont nous rétablissons la ponctuation.

« Loys de Bresze en son vivant chevalier
de l'ordre, premier chambellan du roy,
grand sénéschal, lieutenant général
et gouverneur po<sup>r</sup> led. s<sup>r</sup> en ses pays et
duché de Normendie, capitaine de cent
gentilz hommes de la maison dud' s<sup>r</sup> et de
cent hommes d'armes de ses ordonnances ;
capitaine de Rouen et de Caen ; conte
de Maulevrier, baron de Mauny et du
Bec-Crespin, seigne<sup>r</sup> chastellain de Nogent-
le-Roy, Ennet, Breval et Monchauvet.
Après avoir vescu par le cours de la natu-
re en ce monde en vertu jusques à l'aa-
ge de LXXII ans, la mort l'a faict mectre
en ce tombeau pour retourner vivre
perpétuellement. Lequel décéda le dy-
mence xx<sup>e</sup> jour de juillet mil v<sup>e</sup>xxxi. »

Après avoir relaté en prose toutes les dignités du défunt, la poésie se chargea de chanter ses vertus dans l'inscription de droite.

> Dedens le corps que ce blanc marbre serre,
> Jadis le ciel pour embellir la terre
> Transmyst le choys des illustres espritz,
> Lequel au corps feist tant d'bonne' acquerre,
> Qu'en temps de paix et furieuse guerre,
> Soubz quatre roys il emporta le prix.
> Le souverain pour son partage a pris
> Ceste noble ame, et la terre a repris
> Le corps ja vieu ; mais quand à sa gloire ample,
> Pour ce qu'elle est de vertu décorée :
> Aux bons Francoys est ici demourée,
> Pour leur servir de mémorable exemple.

Les écrivains, même les plus graves, ont agréablement plaisanté sur le quatrain suivant, qui est gravé à côté de la statue de Diane de Poitiers.

> HOC LODOICE TIBI POSUIT BRESÆE SEPULCHRUM
> PICTONIS AMISSO MŒSTA DIANA VIRO,
> INDIVULSA TIBI QUONDAM ET FIDISSIMA CONJUX
> UT FUIT IN THALAMO SIC ERIT IN TUMULO.

Celle qui n'était point encore la duchesse de Valentinois, mais qui était déjà la maîtresse de Henri II dès l'année 1535, semble assez peu fondée, en effet, à s'écrier : « O Louis de Brézé, Diane de Poitiers, désolée de la mort de son mari, t'a élevé ce sépulcre. Jadis inséparable et fidèle épouse dans le lit conjugal, elle le sera encore dans le tombeau. » Mais Diane sut toujours allier d'une façon singulière la mémoire de son époux à la passion de son amant, gardant toujours le costume de veuve, et ne craignant pas d'inscrire sur les murs du château d'Anet, que lui faisait rebâtir Henri II, l'expression de ses regrets pour le mari défunt.

Les quatre cariatides du second ordre sont : A gauche, la Victoire, portant des palmes, et reconnaissable à l'inscription gravée sur le socle : CUM TRIUMPHO VIVIT, et la Foi, portant un cartouche avec deux mains accouplées : FIDELIS SEMPER. A droite, l'inscription : PRUDENS OMNI TEMPORE, signale la Prudence, dont les attributs incertains sont sans doute une restauration. A côté est la Gloire, tenant une palme et désignée par l'inscription : MORTUUS IN GLORIA. Voilà, certes, quatre vertus suffisantes pour rendre puissant et illustre le guerrier qui chevauche entre elles, l'épée au poing. Louis de Brézé est coiffé du heaume à mentonnière, revêtu d'un harnais de fer que recouvre une cotte à ses armes, sur laquelle le collier de Saint-Michel est passé, et enfin chaussé de mailles. Le cheval porte le chanfrein et le garde-cou en fer, les bardes et les flançois de cuir tout recouverts de l'écu et du chiffre des Brézé.

De même que la frise du premier entablement est ornée d'élégantes guirlandes de fruits qui se rattachent à des mascarons, celle du second étage, plus riche à mesure que l'architecture devient plus ornée, est formée d'un même motif plusieurs fois répété. C'est une femme ailée, le buste nu, assise entre deux lions ailés qu'elle couronne de ses bras étendus. Des urnes élégantes séparent chaque motif. (Voir la planche de détails.) C'est la Vertu qui est assise dans la niche du couronnement, dont la frise porte cette inscription : IN VIRTUTE TABERNACULUM EJUS. Mais quelle Vertu ? Le frein de sa bouche indique la Tempérance ; le serpent qui s'enroule autour de son bras caractérise la Prudence, le glaive appartient à la Justice ; un buisson d'épines lui sert de siége, d'après M. A. Deville, et dénoterait la Patience, de sorte que c'est une vertu complexe, s'exerçant surtout sur soi-même par réflexion, qui aurait caractérisé au plus haut degré Louis de Brézé.

Une erreur a été commise par le savant historien des tombeaux de la cathédrale de Rouen, relativement au chiffre de Louis de Brézé qui se retrouve aussi sur la tombe de Pierre, son grand-père. M. A. Deville a pris pour un L et un B les deux lettres qui le composent, tandis que ce sont deux E gothiques ; l'un minuscule, l'autre oncial. Gravés sur des cartouches que tiennent des chèvres, leur signification est expliquée par ce passage de la relation des cérémonies observées aux obsèques de Louis de Brézé. « Le premier (gentilhomme) portoit ung estendart de taphetas aux couleurs dudit feu sieur, qui sont jeaune, noir et rouge. Où estoit figurée une saincte barbe et une chievre avec des *e e*, qui signifie Breze et avoit en escript : Tant grate chievre que mal gist. »

Quels sont l'architecte et le sculpteur de ce monument, à moins que le même personnage n'ait rempli les deux rôles à la fois ? Les historiens rouennais inclineraient fort à penser que ce fut Jean Goujon. Ce dernier travaillait, en effet, à Rouen vers l'époque de la construction du tombeau qui se place entre les extrêmes limites de 1536 et de 1544.

En 1540, Jean Goujon fait le projet d'une fontaine et d'un portail pour la cathédrale. En 1541, il sculpte la tête de Georges d'Amboise II, qui n'était encore qu'archevêque. En cette même année 1541, il projette, sculpte et pose les deux colonnes de marbre blanc et noir qui supportent le buffet d'orgues de l'église Saint-Maclou, puis fait deux projets d'une custode pour la même église. Enfin, il est évident pour quiconque a considéré les nymphes de la fontaine des Innocents que certaines parties des portes de l'église Saint-Maclou doivent être de Jean Goujon.

Tous ces faits, qui prouvent avec abondance que Jean Goujon travaillait à Rouen lors de l'érection du tombeau de Louis de Brézé, ne suffisent pas pour lui attribuer l'honneur de ce monument. On a bien remarqué que les colonnes corinthiennes du premier ordre étaient semblables à celles de Saint-Maclou par le mélange des matériaux, par les proportions, les chapiteaux, les profils de la base et du socle, enfin par la distribution des dorures. Les fûts seuls diffèrent. Ce n'est point assez, à notre avis. Quels que soient les noms de l'auteur ou des auteurs de cet harmonieux ensemble, ainsi que de la magnifique effigie du tombeau, sculpture bien supérieure à celle des autres figures, nous sommes là en présence de l'une des œuvres les plus parfaites et les plus sobres de la Renaissance, et les regrets de n'en point connaître les auteurs doivent s'effacer devant la satisfaction de la posséder encore.

# HOTEL D'ÉTIENNE DUVAL A CAEN [1]

QUATRE PLANCHES

Etienne Duval était un bourgeois de Caen qui s'enrichit plusieurs fois par le commerce des grains qu'il faisait venir des côtes de Barbarie, étendant ses opérations jusqu'en Amérique. Par les blés qu'il importait en France, il rendit de grands services, tant à François I<sup>er</sup> qu'à Henri II, si bien que ce dernier l'anoblit en 1549, lui donnant pour armes « de gueules, à la tête de licorne d'argent cornée d'or, au chef cousu de sinople chargé de trois croisettes d'or. » En 1552, il força les Espagnols à lever le siége de Metz par la rapidité qu'il mit à approvisionner la ville de grains. A Caen, il vendait aux pauvres, chaque jour de marché, un certain nombre de sacs de blé à un prix inférieur à celui du cours, et faisait des distributions gratuites pendant les années de disette. Enfin il institua des prix aux Palinods et fit bâtir l'hôtel dont nous publions une partie. Il mourut en 1578, à l'âge de soixante et dix ans, après avoir été receveur général des états de Normandie [2]. C'est entre les années 1549 et 1578 qu'il faut placer la construction de l'hôtel d'Etienne Duval, puisqu'on y voit les armoiries du fondateur sculptées sur le fronton d'une lucarne. D'autres bâtiments, où l'on retrouve ces armoiries, existent encore et montrent que cette *loggia* italienne que nous avons sous les yeux n'était qu'une dépendance de la demeure d'Etienne Duval.

En plan, le rez-de-chaussée n'est qu'une galerie rectangulaire, longue inté-

---

[1] Cette maison est aussi connue sous le nom d'Hôtel des Monnaies, parce que la Chambre des Monnaies y fut transférée au dix-septième siècle.

[2] George Mancel. Article CAEN, dans *la Normandie illustrée*.

rieurement de 10$^m$,80 et large de 4$^m$,60, percée d'une porte à chacune de ses extrémités, et de trois arcades sur l'un de ses côtés. Au premier étage, c'est une grande salle éclairée à l'une de ses extrémités et sur le même côté où s'ouvrent les arcades de la galerie inférieure. Deux cheminées sont appliquées aux deux autres murs, et indiquent sans doute que cette pièce était divisée en deux par une cloison. Aucune communication n'existe entre le rez-de-chaussée et le premier étage, où l'on accède par un escalier placé dans une tourelle carrée qui n'adhère à la construction principale que par un de ses angles. De telle sorte que c'est par un balcon placé en encorbellement à l'extérieur que l'on peut aller de l'escalier à la salle. Malgré l'étage dont elle est surélevée, nous ne voyons point que cette tourelle ait jamais pu servir pour monter dans les combles.

C'était un architecte complétement imbu des idées italiennes que celui qui a tracé les plans de cet édifice ; cependant, nous le voyons, dans l'exécution, se souvenir encore de l'époque gothique. Les crochets feuillagés qui font saillie sur les rampants des frontons des fenêtres géminées du premier étage, les consoles placées au même lieu sur la lucarne, les candélabres qui accompagnent celle-ci et s'y rattachent par de minces arcs-boutants, sont des détails qui rappellent l'architecture gothique. Aussi croyons-nous qu'il faut beaucoup rapprocher de l'époque de l'anoblissement d'Etienne Duval la construction de cette partie de sa demeure.

Etait-ce dans cette loge qu'il faisait aux pauvres ses distributions de blé ? Les quatre cavaliers de l'Apocalypse sculptés sur le stylobate des colonnes du rez-de-chaussée ne sont-ils pas là par allusion aux maux, — la guerre, la peste et la famine, — qu'Etienne Duval avait pour mission de conjurer ? « Le litron de blé vaudra une drachme, et trois litrons d'orge une drachme », s'écrie l'un des animaux du livre prophétique, lorsque l'agneau va ouvrir le quatrième sceau et laisser passer le cheval pâle qui porte la Mort. Cette parole était peut-être celle qui était inscrite en ces lettres noires, presque entièrement disparues, que l'on voit encore sur la frise qui surmonte les deux arcs latéraux.

Les deux planches de détail qui accompagnent nos deux planches d'ensemble nous dispensent d'insister sur la construction et sur la décoration de ce charmant logis, où il y avait bien cependant quelques maigreurs à reprendre de place en place, défauts qui semblent être l'un des caractères de la première Renaissance en Normandie.

# CHATEAU D'ANET

DIX PLANCHES, DONT UNE DOUBLE

C'est au plus tard en 1552 que Philibert de l'Orme commença à rebâtir le château d'Anet, vieille demeure féodale où Diane de Poitiers vivait dans une retraite mondaine depuis la mort de son mari. Il y avait plus de vingt ans que le sénéchal de Normandie était couché dans son tombeau, et quinze ans environ que sa veuve était la maîtresse de Henri II, alliant, par un contraste étrange, les regrets pour l'un à l'amour pour l'autre. Politique en cela, peut-être, elle tenait toujours en éveil les inquiétudes amoureuses du roi, en lui donnant un rival; mais ce rival était un mort, et c'était un cœur seul qu'il fallait vaincre.

Placé au milieu des bois et des eaux, le château d'Anet était bien la demeure de Diane. Le matin la surprenait « à l'ombre, un pied dans l'eau », comme Phébé la blonde, et la voyait chevauchant par les bois. Les eaux d'Anet semblent avoir été la fontaine de Jouvence où Diane entretenait son éternelle beauté. A soixante et dix ans, six mois avant sa mort, Brantôme disait d'elle qu'elle était « aussi fraîche et aussi aimable qu'à l'âge de trente ans. » Ainsi s'explique l'espèce de culte qui semble rendu aux eaux et aux forêts dans l'architecture et dans la décoration de ce château. Ce ne sont que grottes et fontaines, que nymphes et attributs de chasse mêlés aux croissants enlacés.

Comme la plupart des châteaux de la Renaissance, le château d'Anet, en partie détruit aujourd'hui, s'élevait sur les quatre côtés d'une cour intérieure. C'était encore, comme partout, le plan d'une forteresse; on avait plus d'ouvertures sur la campagne, mais un fossé protégeait encore l'édifice contre les surprises d'un coup de main. Souvent les murs mêmes du château baignaient dans le fossé. Ici, ce fossé est une rivière qui enceint, comme dans une île, une vaste étendue de terrain où le château et ses dépendances sont distribués en trois cours, en avant d'un jardin tout entouré de portiques fermés sur la campagne, bastionnés aux angles et surmontés de terrasses. Alors on ne songeait pas à agrandir le domaine des yeux en leur créant de longues perspectives à travers les forêts ou de larges horizons sur la campagne. Il fallut plus de temps à l'œil qu'au reste du corps pour s'enhardir et pour vouloir errer au delà de l'étroit jardin auquel il s'était accoutumé dans les châteaux forts du moyen âge. Ce ne fut que long-temps après que la sécurité fut assurée dans la campagne que l'on traça les vastes allées droites qui rayonnaient autour de la résidence ; puis, plus tard, les caprices des jardins dits à l'anglaise permirent à chacun d'emprunter de tout le monde ses prés, ses champs et ses bois, et d'y conquérir un domaine pour les yeux.

Le plan général du château d'Anet indique clairement les dispositions que nous venons d'expliquer, et la différence des teintes plus noires montre ce qui subsiste encore de ce vaste ensemble. Du château proprement dit on ne voit plus debout que l'aile gauche, la chapelle située vis-à-vis, et la porte d'entrée qui reliait les deux ailes. Les bâtiments qui accompagnaient la chapelle sur ses deux côtés ont été démolis, ainsi que le corps de logis du fond, dont la partie centrale a été rebâtie dans la cour de l'Ecole des Beaux-Arts à Paris. Dans l'arcade ouverte entre les colonnes du dernier ordre se trouvait jadis une statue de Louis de Brézé, accompagnée de ce distique singulier pour la position de Diane :

> Brœse hæc statuit pergrata Diana marito
> Ut diuturna sui sint monumenta viri.

Diane, reconnaissante, éleva ces choses à Brézé, son mari, pour être un monument éternel de sa mémoire. « Ces choses » que désignent-elles ? Est-ce la statue, est-ce le château ?

C'est dans la construction de cette partie d'Anet que Philibert de l'Orme éprouva ces difficultés dont il parle, lorsqu'il lui fallut conserver certaines parties anciennes. C'est là aussi qu'il fut contraint de bâtir, avec plus de plaisir sans doute que de regret, cette fameuse trompe dont l'appareil est développé avec tant de complaisance dans ses œuvres.

L'entrée dont notre planche double reproduit la façade extérieure accuse mieux encore que les monuments déjà étudiés par nous une préoccupation antique. Si Philibert de l'Orme a su s'affranchir de la contrainte des ordres en traçant sur le nu d'un mur la courbe de l'arc à bossages qui surmonte la porte, il y a été soumis dans les deux poternes latérales. Chacune de ces baies inutiles s'ouvre, en effet, dans l'intervalle de deux colonnes d'ordre dorique latin, sous un entablement orné de triglyphes en marbre séparant des métopes chargées de disques de même matière. Tout en imitant dans cette partie les errements suivis par les Romains dans la façade de leurs amphithéâtres, Philibert de l'Orme ne craignit pas de demander ses principes de construction à l'architecture gothique expirée.

Ainsi, c'est un linteau d'une seule pierre, porté sur deux modillons en consoles projetés sur le côté des jambages de la grande porte centrale, qui ferme l'arc qui la surmonte. Un bas-relief en bronze, la *Nymphe de Fontainebleau*, de Benvenuto Cellini [1], cache le mur de remplissage de l'arc, au-dessous de la voussure à bossages qui allège ce linteau du poids des constructions supérieures. C'est là le système employé par les architectes gothiques dans la construction des portes de leurs cathédrales ; l'ornementation seule diffère.

L'amortissement qui surmonte la partie centrale n'emprunte rien que quelques moulures aux habitudes antiques ; c'est un cadran d'horloge, compris entre deux niches accompagnées de longues consoles renversées qui, avec des modillons plus petits, supportent une corniche au-dessus de laquelle des acrotères servent de socles à un cerf placé entre deux chiens. Ce massif central domine deux terrasses demi-circulaires placées à l'aplomb, mais en arrière des deux portes latérales. Elles dominent également les terrasses qui règnent au-dessus des bâtiments de cette porte d'entrée, dont les murs aveugles, ornés de quelques moulures saillantes, descendent en glacis jusqu'au fond des fossés du château. Ce n'est que dans les parties en retraite, de chaque côté, qu'une large fenêtre à croisée est ouverte, montrant, en même temps que les cheminées ornées qui dépassent les balustrades des terrasses, que ces parties sont habitées.

---

[1] La *Nymphe de Fontainebleau* fut achevée en 1544 par B. Cellini pour François Ier, qui la destinait à décorer la porte d'entrée du palais de Fontainebleau. Henri II la fit placer sur celle du château d'Anet, où elle resta jusqu'en 1780. Percier et Fontaine la placèrent au Louvre, en 1806, au-dessus de la tribune de Jean Goujon, dans la salle des Cariatides. Cette œuvre est aujourd'hui dans l'une des salles des sculptures de la Renaissance, et un surmoulage occupe sa place dans la salle des Cariatides, comme à la porte d'Anet.

Nous signalions une différence entre le système décoratif de l'amortissement de la porte et celui du premier ordre. Cela a conduit certains critiques à penser que cet amortissement est une addition, et que cette porte n'était, dans le principe, qu'une entrée triomphale, toute grande ouverte sous sa voussure. Ce n'est qu'après coup que l'on aurait fermé cette voussure par le bas-relief de Cellini, qui aurait motivé la porte placée en dessous, et que l'on aurait complété la construction par l'addition de la cage de l'horloge, qui est sans profondeur et ne règne pas sur toute l'épaisseur de l'entrée.

Deux planches donnent les détails des souches des cheminées, auxquelles on peut reprocher des amortissements qui ressemblent un peu trop à des sarcophages. Une autre planche représente les balustrades des terrasses ; celles-ci sont fort élégantes, mais ne peut-on leur adresser le reproche de ne point assez montrer qu'elles sont de la pierre ? Un détail de cette planche montre que le système des gargouilles saillantes imaginées par le moyen âge était encore adopté en l'année 1552, date que cette construction porte gravée sur ses murs, dans l'intérieur de la cour. Ce sont des vases très-élégants, attachés par leur fond à la construction, qui remplissent cet office et qui épanchent tout naturellement l'eau des pluies. Cela est ingénieux, mais sans être aussi inhérent à la construction et au système décoratif général que les gargouilles des monuments gothiques. Une autre planche montre une de ces constructions en encorbellement que la Renaissance avait encore héritées du moyen âge. Ce cul-de-lampe, destiné à soutenir une tourelle, est placé à l'angle du pavillon de gauche, un peu en arrière de l'entrée. S'il ne montre point les difficultés de stéréotomie que présentait la trompe aujourd'hui détruite dont nous avons déjà parlé, il est combiné de façon à présenter de grands jeux de lumière et d'ombre en des parties qui, le plus souvent, ne devaient point recevoir les rayons du soleil.

Quant à l'indication des marbres divers qui entraient dans la décoration de la façade, on la trouve dans une planche qui donne l'angle de l'entablement dorique du rez-de-chaussée, en même temps que les profils des différents membres d'architecture qui divisent l'avant-corps de la porte dans sa hauteur. L'élévation générale fournit l'indication des autres parties où des placages de marbre avaient été introduits.

Nous disions, en commençant, que le château d'Anet, ayant été réédifié pour Diane de Poitiers, semblait dédié à la déesse des bois et des fontaines. Sur la

porte d'entrée était la *Diane* de Benvenuto Cellini. Dans l'une des cours était
encore une *Diane*, où un sculpteur, que l'on croit être Jean Goujon, s'efforça de
lutter avec le maître italien, en donnant à son groupe une autre attitude,
quoique la même pensée ait présidé à la composition des deux œuvres. La *Diane*
attribuée à Jean Goujon est-elle un portrait de la duchesse de Valentinois?
Aucune tradition ne le prouve, et la coiffure, évidemment inspirée de celles
qui étaient à la mode en France au milieu du seizième siècle, n'est point une
preuve convaincante en faveur de ceux qui veulent voir un portrait dans cette
statue. Admettons que c'était une allusion à la maîtresse du lieu, sans y voir
cependant tout ce qu'y montrait un ingénieux historien. Pour M. Michelet, le
lévrier élégant sur lequel la déesse appuie l'une de ses jambes est Henri II. Le
barbet bourru placé derrière le cerf, et regardant en arrière, dans le lointain,
c'est le mari, ou plutôt ce souvenir du mari qui persista toujours chez sa veuve.

La fontaine, dont une copie d'après Ducerceau donne l'ensemble, était placée
dans le milieu de la cour de gauche, comme l'indique notre plan général. Cent
ans après on l'avait déplacée pour la mettre dans l'hémicycle que nous voyons
bâti en arrière. A la Révolution, on la brisa pour en arracher les tuyaux, et c'est
grâce à M. Lenoir que nous possédons ce qui nous en reste aujourd'hui. Un
séjour de plus de cent cinquante ans sous notre ciel humide et les accidents ont
enlevé tout l'épiderme de cette statue, qu'il faut juger dans son ensemble
seulement, sans vouloir en approfondir les détails.

C'est après avoir travaillé au Louvre et à la fontaine des Nymphes que Jean
Goujon, dans tout l'éclat de sa gloire, aurait été appelé à travailler au château
d'Anet, vers l'année 1553.

En outre de la fontaine de Diane, il avait sculpté dans la chapelle les douze
apôtres en ronde bosse, qui sont disparus, et huit figures de femmes et autant de
figures d'anges en bas-relief, décorant, les premières, les tympans des arcs, les
secondes, les caissons des voûtes. Celles-ci sont conservées intactes, ainsi que la
chapelle qui était composée, comme le montre le plan, d'une rotonde centrale
recouverte d'une coupole, et de trois absides ellipsoïdes formant, avec un porche
intérieur, les quatre bras d'une croix.

Lorsque cette chapelle était encastrée dans l'aile droite du château, au lieu
d'être isolée comme aujourd'hui, une galerie placée au premier étage de celui-ci
donnait accès à une tribune en menuiserie placée au-dessus de la porte d'entrée
de la chapelle. Nous donnons l'ensemble de la porte et de la tribune, ainsi que

les détails de cette dernière. Le monogramme du Christ, I H S, et celui de la Vierge, A. M. enlacés (*Ave Maria*), additions qui datent de la restauration de cette tribune, décorent les panneaux, au centre de cartouches fleuronnés d'un dessin un peu compliqué. L'H de Henri II est sculpté sur d'autres cartouches placés sur les pilastres séparatifs, et il faut bien se résigner à voir le croissant de Diane sur les cartouches des deux panneaux extrêmes, comme il est sur l'astragale des colonnes de l'entrée du château.

Remarquons, en passant, que Philibert de l'Orme n'a point encastré dans des pilastres ses panneaux d'angle, plus étroits du reste que les autres, et qu'aucune moulure plus saillante ne vient renforcer l'arête de sa construction. Il a évité ainsi de poser des pilastres en porte à faux sur la corniche inférieure. Mais ce parti ne satisfait point l'œil, s'il prouve chez l'architecte cette indépendance que nous avons eu déjà l'occasion de signaler.

Les vantaux de la porte centrale de la chapelle sont en noyer, sculpté à l'extérieur et incrusté à l'intérieur de bois d'acajou, d'amarante et d'ébène, qui, à cette époque, étaient d'une excessive rareté. D'autres vantaux garnissaient les nombreuses portes de cette construction. Nous en donnons deux où la sculpture se combine avec les incrustations de bois des îles. Les deux panneaux de l'une offrent la singulière combinaison d'une tête de séraphin aux cheveux de feuilles surmontant un bouclier échancré, timbré du croissant de Diane. L'autre porte, qui est celle de la chapelle, offre dans son panneau supérieur les armes de France surmontées de la couronne royale ouverte, sur un écu richement encadré de rinceaux composés de feuilles et d'animaux. Dans le panneau inférieur, ce sont les armes de la duchesse de Valentinois, mi-parti Brézé, mi-parti Saint-Vallier, inscrites dans l'écu losangé des veuves.

Cette élégante demeure, où l'un des plus grands architectes de la Renaissance avait dépensé tout ce qu'il avait de science et de goût, n'eut point longtemps à attendre après la mort de Diane pour être mutilée. Le duc Louis-Joseph de Vendôme, pour recevoir le dauphin en 1688, fit gâter par Leveau l'œuvre de Philibert de l'Orme; et les propriétaires successifs ne se firent pas faute, sans doute, de l'imiter, jusqu'à ce que la Nation, en 1793, détruisant d'une main et conservant de l'autre, eût réduit cette résidence à l'état de ruine. Les derniers propriétaires l'en ont fait sortir, avec l'aide des fonds des monuments historiques affectés à l'entretien de la porte d'entrée et de la chapelle.

# ÉGLISE S$^{te}$-CLOTILDE AUX ANDELYS

## (PORTAIL LATÉRAL NORD)

---

### CINQ PLANCHES DONT UNE DOUBLE

---

Les constructions du château de Gaillon, des tombeaux de la cathédrale de Rouen et de différents hôtels dans la même ville, celles du château d'Anet créèrent dans la Normandie toute une école d'architectes et de sculpteurs dont les œuvres importantes se retrouvent dans les églises du Vexin normand ou de ses environs. Ainsi le portail occidental de l'église de Vetheuil (Seine-et-Oise), bâti de 1533 à 1550 : ainsi la façade de l'église de Gisors. Cette dernière doit même avoir été construite pendant une plus longue période de temps ; car en certaines parties on y voit mêlés, comme au château de Gaillon, les détails encore gothiques par la forme à d'autres détails inspirés par les mêmes habitudes, mais transformés par la Renaissance ; puis, dans d'autres parties, c'est la forme antique seule que l'architecte s'est efforcé d'imiter [1].

Le portail que la Renaissance a bâti au transept nord de l'église du grand Andely [2], entre Gisors et Gaillon, appartient à la Renaissance affranchie, quant à ses formes secondaires, de toute trace de gothicité. Nous ne parlons point de la forme générale, qui est encore celle de l'architecture gothique à laquelle ap-

---

[1] Jules Gailhabaud, *Monuments anciens et modernes*, tome IV.

[2] La ville appelée les Andelys est formée par la réunion, sous la même autorité municipale, de deux petites villes, distantes l'une de l'autre d'un kilomètre environ.

partiennent les autres parties de l'église du grand Andely. C'est toujours une grande baie voûtée, au fond de laquelle s'ouvrent deux baies séparées par un trumeau, au-dessous d'un tympan plein. A l'étage supérieur s'ouvre une autre grande baie, que remplit une rose au-dessus d'une galerie à jour. Toutes ces dispositions sont celles du douzième et du treizième siècle. Mais en place des contre-forts ou des tourelles destinées aux escaliers qui jadis eussent encadré cet ensemble, la Renaissance a édifié deux ordres superposés de colonnes accouplées encastrant des niches. De plus, aucun fronton ne protége, comme dans l'architecture ogivale, la voussure du portail, un entablement complet traversant toute la façade. De même, au lieu de montrer au-dessus de la rosace un second fronton prenant la forme du galbe du toit, c'est une seconde plate-bande qui termine l'édifice et couronne le second ordre. Si l'on compare cette façade à celle du transept sud de l'église Saint-Eustache de Paris, dont le plan est de 1532, on reconnaîtra quelles profondes différences séparent ces deux œuvres de la Renaissance. Même un grand pas a été fait depuis que Philibert de l'Orme, en 1552, édifiait la porte d'entrée du château d'Anet. L'archivolte de cette porte y rompt l'ordre des colonnes qui encadrent ses pieds-droits, et qui servent de supports à ses retombées, par l'intermédiaire de leur entablement. Ici, les arcs, tant celui de la grande voussure que ceux des deux portes qui y sont percées, que ceux de la galerie à claire-voie placée sous la rose, sont compris sous un entablement et sont dominés par la colonne. L'imitation de l'architecture romaine est flagrante, et ce seul fait indique que ce fut vers le milieu du seizième siècle seulement que ce portail fut édifié. Un détail nous servira à préciser davantage. Ce sont les colonnes annelées du second ordre et celles de la galerie qu'une des planches de détails reproduit sur une grande échelle. S'il est vrai que c'est Philibert de l'Orme qui imagina le premier les renflements destinés à cacher les joints des assises dont il composait les colonnes; si c'est au pavillon central des Tuileries qu'il appliqua pour la première fois ce mode de construction et d'ornementation, le portail de l'église du grand Andely est postérieur à l'année 1564, du moins dans l'étage qui surmonte l'entablement du premier ordre [1].

---

[1] Ni le récent ouvrage sur les communes du département de l'Eure publié sur les notes de M. Auguste Leprevost, par MM. Léopold Delisle et Louis Passy, ni les recherches de M. l'abbé Lebeurier, archiviste du département de l'Eure, n'ont pu nous donner de date précise pour une

Il nous semble inutile de signaler toutes les libertés que l'architecte de l'église Sainte-Clotilde s'est permises à l'égard de l'architecture qu'il s'essayait à imiter. Nous noterons seulement les bases des colonnes ioniques du premier ordre et les immenses tailloirs qui en surmontent les chapiteaux. Il faut également signaler ceux des colonnes de la galerie. Évidemment, pour les architectes de cette époque, le chapiteau n'est plus qu'un ornement sans but, dont l'évasement n'a plus pour fonction d'offrir une plus large assiette à l'architrave qu'il doit supporter. Mais il faut remarquer que ces abaques si importants donnent une grande élégance aux chapiteaux ioniques, qui eussent semblé peut-être bien écrasés sous cet ensemble que forment l'entablement qui les surmonte et le lourd stylobate des colonnes du second ordre placé en dessus. Du reste, l'architecte inconnu de cette œuvre était un homme de goût, servi par des artistes d'un grand talent, comme le prouvent l'agencement général de différentes parties de cet édifice ainsi que les détails de son ornementation. Il y a là une multitude de cartouches qui sont des modèles d'élégance. Quant au talent des sculpteurs, il est attesté par l'exécution de tous ces détails, mais surtout par celle des cariatides qui supportent l'archivolte des arcs du portail proprement dit; cariatides qui sont comme un souvenir des statues que l'architecture gothique plaçait dans l'ébrasement de ses portes, et qui, ici, rompent la monotonie qui eut résulté de la multiplicité d'un trop grand nombre de colonnes de modules divers juxtaposées.

En faveur de cette recherche dans la partie ornementale de cette œuvre, l'on doit pardonner à l'architecte quelques inconséquences qu'il nous faut cependant signaler. Ainsi, nous ne saurions approuver que les escaliers placés dans les piles qui encadrent la porte soient si complétement dissimulés à l'étage inférieur, que l'on ne s'explique point la forme circulaire du mur au niveau du second ordre. De plus, la balustrade qui surmonte le premier entablement est inutile, car la galerie qu'elle longe est sans accès autre qu'une ouverture que l'on ne peut traverser qu'en rampant. Enfin, les gargouilles de cette galerie et celle du comble sont placées précisément à l'aplomb de l'entrée,

œuvre aussi importante que la reconstruction du transept de l'église Sainte-Clotilde. Mais la plupart des vitraux de cette église sont de la Renaissance, et le plus important d'entre eux porte la date de 1540. Voir les *Annales archéologiques*, t. XXII, p. 279. « Les vitraux du grand Andely »; article de M. Edouard Didron.

de telle sorte que, si elles rejettent l'eau loin des murs, elles la lancent sur la tête de ceux qui veulent entrer dans l'église.

Il nous reste à faire remarquer, dans la coupe qui accompagne les plans, la façon dont l'architecture gothique de l'intérieur de l'église a été continuée au seizième siècle avec les formes de la Renaissance.

Une dernière planche donne la vue, sur une grande échelle, du bénitier accolé à l'un des pilastres de l'entrée du portail. Les ornements de son support et les oves de sa cuve se retrouvent à la partie supérieure de la façade, et semblent indiquer une époque très-avancée dans le seizième siècle.

# BOISERIE ET PLAFOND

## (CHATEAU DE BEAUREGARD)

———

DEUX PLANCHES

Le château de Beauregard, l'un des plus beaux du Blésois, qui en compte tant de remarquables, fut construit vers 1520, croit-on, par François I<sup>er</sup>, pour René, bâtard de Savoie, son oncle. « L'édifice n'est pas grand, mais il est mignard et autant bien accommodé qu'il est possible. Tout ainsi que le bastiment est plaisant et joli, ainsi est pareillement le jardin. » C'est de la sorte qu'en parle Androuet du Cerceau, dans son livre sur *Les plus excellens bastimens de France*. Ce château se composait alors de deux gros pavillons réunis par une galerie.

En 1545, il appartenait au secrétaire d'Etat Jean du Thier, qui l'embellit, s'il faut en croire Ronsard, qui le loue d'avoir acheté deux manuscrits grecs de Pindare et de Simonide,

> Desquels tu as orné le somptueux chasteau
> De Beauregard, ton œuvre, et tu l'as fait plus beau.

Du Thier mourut en 1559. Sept ans après, sa veuve vendit Beauregard à Florimond Robertet, seigneur d'Alluye, dont il a été déjà question à propos de la planche première de ce livre.

En 1617, Paul Ardier, trésorier de l'épargne et conseiller d'Etat, l'acheta de Philippe d'Argenne, mari de la veuve de Robertet. Après sa mort, en 1638, son fils, le président Ardier, rebâtit en grande partie le château, et y fit décorer une galerie ornée de portraits historiques, que nous aurons à étudier plus loin.

Auquel de ses propriétaires successifs le château de Beauregard doit-il la boiserie et le plafond qui décorent l'une de ses salles?

Les armoiries « d'azur aux trois grelots d'or » que l'on voit au plafond, avec un grelot employé comme ornement à ce même plafond et dans les galons simulés de la boiserie, nous aideront à le trouver : ce sont celles de Jean du Thier [1]. Ainsi, cette pièce a été boisée de l'année 1545 à 1559, plus près, croyons-nous, de la seconde date que de la première. Il y a quelque chose de lourd, en effet, dans les ornements de ces boiseries, plus encore sur les lambris qu'au plafond, et nous avons là un excellent spécimen de ce qu'était l'ornementation sous Henri II dans cette Touraine, à une époque où les arts y étaient si actifs et jetaient un si grand éclat.

Nous ferons remarquer le détail des trois tableaux peints à la gouache en-castrés dans les moulures mêmes des lambris, et représentant des vases, des raquettes de jeu de paume et les tonneaux où s'enserrent les produits des vignobles.

[1] Cabinet des Titres à la Bibliothèque impériale.

# CHATEAU DU PAILLY

DEUX PLANCHES

C'est après l'année 1563 que le maréchal Gaspard de Saulx-Tavannes se mit à bâtir le château du Pailly, à deux lieues de Langres, « à quoy il employa son bon mesnage, » comme le disent les Mémoires de son fils Jean de Tavannes. Comme tous les châteaux de la Renaissance, celui-ci, qui remplaçait une ancienne résidence féodale, était bâti sur les quatre côtés d'un quadrilatère, et protégé par un fossé extérieur. Mais, si pour les autres cet aspect militaire n'était qu'une apparence, pour le château du Pailly c'était une réalité. Le maréchal, « qui aimait mieux faire qu'escrire, » conserva l'ancien donjon dans l'enceinte de ses bâtiments, flanqua de tours à mâchicoulis les angles de ses constructions italiennes, voûta le rez-de-chaussée de celles-ci, afin de les rendre capables de porter du canon ; puis, bien muni au dehors contre les surprises, il étala au dedans de la cour et des appartements tout le luxe de la Renaissance [1].

En 1563 c'était Charles IX qui régnait, et la Renaissance, quittant les délicatesses de ses commencements, inclinait à tomber dans la pesanteur et dans l'exagération. Ces deux défauts s'allient dans la partie du château du Pailly que nous publions, et qui, placée dans l'angle nord-ouest de la cour, en arrière de l'ancien donjon, servait d'accès à l'escalier d'honneur.

Les bossages et les panneaux vermiculés de la construction, les grandes consoles du bâtiment en retour qui supportent le balcon qui règne au niveau de son premier étage, l'étagement des assises qui surmontent la lucarne, contrastent avec la finesse des colonnes annelées du premier étage, comme les immenses

---

[1] Th. Pistollet de Saint-Ferjeux, LE CHATEAU ET LES SEIGNEURS DU PAILLY, dans les *Mémoires de la Société historique et archéologique de Langres*. 10ᵉ livraison. In-4°. Langres, 1858.

cannelures rudentées des pilastres du rez-de-chaussée et les sculptures profondément refouillées des frises ne semblent plus d'accord avec les chapiteaux, où, guidé par des modèles antiques, on osa moins s'abandonner à la mode du moment.

Ce fut un Français, Nicolas Ribonnier, de Langres, architecte du duché de Bourgogne, qui bâtit ce château dans un intervalle qui ne dut pas dépasser dix ans; car le maréchal de Tavannes mourut en 1573, alors qu'il était occupé à faire construire le château de Sully, près d'Autun.

Quelques détails des ornements du château du Pailly, qui portent l'*impresa* du maréchal de Tavannes, viennent corroborer les données de l'histoire, afin de prouver que la partie du monument qui nous occupe appartient bien à ce personnage. Parmi ces détails, nous signalerons le bas-relief qui est placé sous l'appui de la fenêtre du premier étage, au-dessus de la porte centrale. Le *Pégase qui franchit un précipice* était l'emblème que Gaspard de Saulx-Tavannes avait pris, à l'époque de ses périlleuses extravagances, après avoir franchi à cheval l'intervalle qui séparait deux rochers dans la forêt de Fontainebleau.

Ce *Pégase* se retrouve encore dans d'autres parties des décorations intérieures du château du Pailly, sur des cheminées monumentales, où l'on retrouve aussi l'écusson « d'azur au lion d'or » des Tavannes.

Nous avons donc, dans le château du Pailly, un type à date certaine de l'architecture et du savoir-faire d'un architecte provincial au temps de Charles IX.

Quant aux artistes que N. Ribonnier employa, on croit que c'étaient des sculpteurs italiens, les mêmes qui furent appelés par le cardinal de Givry pour travailler au jubé de la cathédrale de Langres. La pierre qu'ils eurent à travailler est très-dure, ce qui peut expliquer le caractère rustique de la construction.

En outre de la façade de l'escalier que nous donnons, et des détails intérieurs que nous venons de mentionner, le château du Pailly possède encore un pavillon placé à l'angle sud-ouest de l'enceinte, qui, placé jadis en arrière d'un pont-levis, rude et solide avec ses assises rustiquées au rez-de-chaussée, étalait toute la magnificence de l'architecture renouvelée de l'antique dans les deux ordres superposés qui décoraient de leurs colonnes les étages supérieurs, encastrant de grandes fenêtres à double croisée de pierre; concession faite par le goût italien aux habitudes françaises.

# BOISERIES ET PLAFONDS

(CHÂTEAU D'ANCY-LE-FRANC)

———

CINQ PLANCHES

Le comte Antoine de Clermont, grand maître des eaux et forêts de France, fit bâtir le château d'Ancy-le-Franc sur les plans du Primatice en 1545 au plus tard. Ce château, l'un des plus remarquables du département de l'Yonne, est formé de quatre corps de bâtiments renforcés par des pavillons d'angle et entourant une cour centrale. Les murs baignaient dans les eaux de l'Armançon et faisaient une vraie forteresse de cette demeure, plus imposante que délicate en ses détails. Construite par un architecte qui était avant tout un peintre, elle devait offrir, sur les murs de ses salles, un vaste champ à la peinture; aussi est-elle renommée à cause de ces dernières. Un des cabinets surtout est célèbre, c'est celui du *Pastor Fido*, ainsi nommé à cause des scènes, tirées d'un roman pastoral, qui sont représentées en huit tableaux sur ses murs. Nous publions seulement le plafond de ce cabinet, composé de caissons quadrangulaires entourés de caissons hexagones allongés. Les encadrements, formés de moulures saillantes, sont séparés par une partie lisse qui est peinte comme le champ des caissons, lequel est placé en retraite, ainsi que le montre la coupe placée dans le haut de la planche.

Ces peintures sont tout simplement des damasquines d'or appliquées sur le

6

bois même, et formant, soit des rosaces, soit des bordures du plus charmant effet.

Les peintures des lambris de la chambre du Cardinal serviront à dater approximativement celles du cabinet du *Pastor Fido*. Leur système est le même et plusieurs motifs s'y trouvent presque identiquement reproduits. Cette chambre porte sur ses poutres le chiffre d'Antoine de Clermont, et, le fondateur d'Ancy-le-Franc étant mort en 1569, c'est au milieu du seizième siècle que ces décorations furent exécutées.

La chambre du Cardinal, ainsi nommée d'un portrait de Richelieu que l'on a placé après coup sur la cheminée, mais qui dans le principe s'appelait Chambre des Arts, est garnie de lambris en chêne jusqu'à une hauteur de 2ᵐ,15. Cette boiserie est ornée, sur ses panneaux, d'arabesques symétriques en or, que reproduit sur une grande échelle une planche de détails. Cette planche donne en même temps la coupe des lambris et montre ces moulures saillantes à talon renversé qui commencent à être communes dans la seconde partie du seizième siècle dont elles deviennent pour ainsi dire la caractéristique.

Au-dessus de ce lambris, jusqu'au plafond, le mur est peint de grotesques dans le goût antique, qui se détachent en couleurs variées, mais toutes très-franches, sur un fond gris. Ces grotesques, dont on ne saurait trop admirer la composition pleine de goût, servent d'accompagnement à huit médaillons ovales où des peintres de l'école de Fontainebleau ont représenté les sept Arts libéraux et les Muses. Ce sont ces peintures qui jadis avaient fait donner le nom de Chambre des Arts à cette pièce du château d'Ancy-le-Franc.

Des poutres saillantes divisent le plafond en neuf grands caissons subdivisés eux-mêmes en compartiments plus petits, comme le montre la planche où deux fragments importants sont figurés. Ce sont encore des damasquines d'or d'une grande élégance qui sont peintes sur les poutres, sur les traverses et sur les caissons Elles encadrent des médaillons ovales, figurant des incrustations de marbre ou contenant le chiffre d'Antoine de Clermont.

A côté de la chambre du Cardinal se trouve le cabinet des Fleurs, ainsi nommé parce qu'une fleur a été peinte sur chacun des nombreux panneaux qui composent sa boiserie. Le plafond dont nous publions un fragment est, suivant le système ordinaire, divisé, par des maîtresses poutres, en grands compartiments-que des moulures saillantes subdivisent en caissons carrés.

Bien que nous retrouvions là encore les ornements d'or de la pièce précé-

dente et, à peu près le même dessin, il nous semble cependant que ces décorations sont d'une époque un peu postérieure à celles que nous venons d'étudier.
Ces grands cartouches simulés, d'un dessin si compliqué, qui accompagnent sur
les poutres les pendentifs qu'on y a rapportés, sont un élément nouveau, aussi
bien que les encadrements figurant des baguettes ornées de cuirs qui entourent
les panneaux. Les chiffres de ces panneaux indiquent des alliances de la famille
de Clermont; mais les armes qui sont peintes sur les faces des poutres sont celles
des Louvois, auxquels appartint ce château, et qui eurent la singulière fantaisie
de les substituer à celles des Clermont partout où elles se trouvaient. M. le marquis de Clermont-Tonnerre, auquel le château de ses ancêtres est revenu aujour-
d'hui, et qui le restaure avec soin, y replace les siennes, qui sont « de gueules
aux deux clefs d'argent en sautoir avec la tiare pour cimier » et cette devise :
*Etsi omnes, ego non* [1]. Nous croyons que cette décoration est postérieure à la
mort d'Antoine de Clermont, c'est-à-dire à l'année 1569, mais qu'elle la suivit
de très-près [2].

[1] Ces armes furent concédées à Sibaut II de Clermont, par le pape Calixte II, pour lui témoi-
gner sa reconnoissance d'avoir chassé de Rome, en 1120, l'antipape Grégoire VIII.

[2] Ni les papiers de famille que M. le marquis de Clermont-Tonnerre a bien voulu compulser
pour nous, ni nos propres recherches au cabinet des Titres, à la Bibliothèque impériale, n'ont pu
nous expliquer les différents chiffres qui sont peints sur les boiseries d'Ancy-le-Franc. Dans le
premier chiffre A. C. D. nous voyons Antoine Clermont, sans que le D s'explique par aucun des
titres de l'ancien grand maître des eaux et forêts, ni par le nom de sa femme, qui était une nièce de
Diane de Poitiers; mais cette alliance ne suffit point, à notre avis, pour que Antoine de Clermont
ait mis le D de Diane avec ses initiales.

Nous n'avons pu trouver davantage l'explication des chiffres du cabinet des Fleurs, où nous dis-
tinguons, dans l'un les lettres O et C deux fois répétées, la seconde lettre formant un *x* minuscule;
dans l'autre, les lettres A. M. Chacun des chiffres est surmonté de la couronne comtale.

# CHEMINÉE DE LA SALLE NAPOLÉON

## (CHATEAU D'ÉCOUEN)

### DEUX PLANCHES DONT UNE DOUBLE

Le connétable de Montmorency fit rebâtir le château d'Écouen, dont il confia la direction à Jean Bullant, vers la fin du règne de François Ier, de 1542 à 1547. Tout a-t-il été construit pendant cette courte période ? Nous ne le pensons pas, et nous inclinons à croire que Jean Bullant, qui résida pendant toute sa vie à Écouen, où il mourut en 1578, eut sans cesse à diriger les travaux que le connétable et son fils exécutèrent dans leur château. Ceci doit être vrai, surtout lorsqu'il s'agit des décorations intérieures, telles que la cheminée qui nous occupe en ce moment. Certes, il est impossible que cette architecture, dont les profils se dégagent à peine des ornements qui les recouvrent, que ces moulures saillantes, dont la coupe est donnée dans la planche de détails, datent de la première moitié du seizième siècle. Pour admettre cette opinion, il faudrait que Jean Bullant n'eût point étudié l'architecture antique sur le sol même de l'Italie, comme il est presque certain qu'il l'a fait [1], et qu'il eût devancé ses contemporains d'une vingtaine d'années dans les voies de la décadence.

Du reste, nous avons affaire ici à un ensemble qui n'a pas moins que de 5ᵐ,27

---

[1] Ad. Berty, *les Grands architectes de la Renaissance* (Jean Bullant). Petit in-8°. Aubry. Paris, 1860.

en hauteur sur une largeur de 3ᵐ,75, et l'on conçoit qu'il ait été convenable d'y adopter le parti de moulures saillantes projetant des ombres vigoureuses.

Ramenée à ses éléments constitutifs, cette cheminée se compose d'une puissante corniche formant linteau qui porte sur deux pieds-droits en forme de gaînes, et d'un panneau central rectangulaire entouré d'une moulure puissante, placé entre deux pilastres en gaînes. Les chapitaux en consoles à godrons de ces pilastres s'enchevêtrent dans des enroulements combinés avec des cartouches circulaires, et se retrouvent avec peine supportant des modillons rattachés par des guirlandes de feuillages au-dessous d'une corniche qui termine le tout.

Des brèches incrustées dans le linteau, dans les pilastres, dans les cartouches, dans les caissons et les listels, qui coupent de leurs assises horizontales les formes compliquées de l'amortissement des pilastres, apportent la variété des couleurs à celle des formes. Une figure en marbre blanc, se détachant sur un fond de marbre noir, vient encore ajouter ses tons plus clairs et plus sombres à ceux de la pierre. L'épée que cette Victoire tient si droite en sa main, doit être l'épée du connétable, de telle sorte que l'ornement principal de cette cheminée est une allusion au propriétaire de cette demeure. Cette belle figure est généralement attribuée à Jean Goujon, dont elle rappelle le style, et dut être faite avant l'année 1547. Mais il n'y a rien d'impossible à ce qu'une œuvre antérieure ait été encastrée dans un ensemble que nous supposerions volontiers appartenir au seizième siècle avancé. Nous croyons reconnaître, en effet, une certaine analogie entre les profils et les ornements de l'encadrement du bas-relief de Jean Goujon et ceux qui ornent la façade de la grande galerie du Louvre. Or, M. Ad. Berty, dans un excellent travail, ayant prouvé, pièces en main, que cette façade avait été commencée sous Charles IX et achevée sous Henri III, nous croyons que c'est à la même époque qu'il faut reporter la construction de la cheminée de l'ancienne salle des Gardes du château d'Ecouen.

---

¹ Ad. Berty, *la Renaissance monumentale*; « Notice sur les galeries du Louvre. »

# SERRURERIE DU CHATEAU D'ÉCOUEN

---

UNE PLANCHE

---

Ce fait de la persistance des travaux durant une grande partie du seizième siècle dans le château d'Écouen, que nous venons d'indiquer dans le chapitre précédent, ressort avec évidence des détails fournis par la planche de serrurerie que nous avons encore empruntée à cette résidence. Le chiffre de Henri II placé sur la plaque de targette, puis celui de Diane accompagnant les trois croissants enlacés, appartiennent sans doute à l'époque de la faveur du connétable auprès de Henri II. Sur la plaque de serrure, au milieu des entrelacs saillants qui la décorent, il faut reconnaître un des « alérions » des Montmorency.

Ces plaques de serrure, de targette et de heurtoir, sont exécutées en fer repoussé, avec une grande liberté de main, et comptent parmi les plus gracieux spécimens de la serrurerie d'ameublement de cette époque.

# PORTE AU CHATEAU D'ÉCOUEN

—

UNE PLANCHE

———

Il faut attribuer à la fin du seizième siècle, croyons-nous, la porte de la chapelle du château d'Ecouen que nous publions. On y retrouve, en effet, comme au plafond de la salle des Fleurs, au château d'Ancy-le-Franc, le même système d'ornements peints, à teintes plates, imitant des incrustations, ou des damasquines. Il y a aussi des cartouches; mais ici ils sont sculptés, tandis qu'ils étaient simplement figurés dans le plafond. Ces grosses rosaces saillantes, qui accompagnent le cartouche central, sont caractéristiques de l'époque de Henri IV, tandis que la tête, d'où pendent des draperies festonnées, qui surmonte ce cartouche, est un ornement familier à la Renaissance. La complication et l'incertitude des contours des cuirs qui forment les cartouches sont encore un indice de décadence. Malgré tout, il y a dans certaines parties de cet ensemble une fermeté, et dans la combinaison de la sculpture et de la menuiserie, de la peinture à sujets et de la simple peinture décorative, une entente de la décoration qui nous justifient d'avoir donné comme exemple cette porte du château d'Ecouen.

———

# PORTE D'ENTRÉE, PLAFOND ET CHEMINÉE

## HOTEL VOGUÉ, A DIJON

TROIS PLANCHES

De plusieurs hôtels du dix-septième siècle que renferme la ville de Dijon, le plus complet et le plus intéressant est celui des Bouhier, venu par alliance dans la famille des Vogué, dont il porte aujourd'hui le nom. Il fut bâti par Etienne Bouhier, conseiller au Parlement de Bourgogne de 1607 à 1635, mais il faut en reporter l'achèvement à la date de 1614, que l'on voit gravée au sommet de la cheminée que nous publions.

Les bâtiments de cet hôtel sont élevés sur les trois côtés d'une cour fermée sur la rue par un mur plein, au milieu duquel s'ouvre la large porte bâtarde dont nous donnons la vue et contre lequel s'appuie une galerie intérieure. A côté de l'aile de gauche s'ouvre une porte charretière qui conduit à une cour de service placée en arrière; disposition que l'on retrouve dans d'autres hôtels dijonnais presque contemporains.

La porte d'entrée de l'hôtel de Vogué montre quelles transformations sont venues affecter l'architecture depuis l'époque où l'on édifiait, vers 1563, le château du Pailly, la dernière construction que nous ayons étudiée.

Si ce n'est point un architecte, mais le président Etienne Bouhier lui-même qui a donné, ainsi qu'on le croit, les plans de son hôtel, il faut avouer qu'il s'est plu à accumuler les détails avec plus de richesse que de discernement dans ce frontispice de sa demeure, bien qu'il y ait une certaine élégance dans tout l'ensemble.

Ces bossages lisses et saillants qui interrompent les cannelures et les panneaux imbriqués des pieds-droits de la porte, les autres bossages de trois dimensions différentes qui forment les claveaux de l'arc qui clôt cette porte; l'arc courbe, d'un autre rayon, qui enveloppe le tympan et qui repose sur l'angle des corniches qui terminent les pieds-droits, tout cela n'est ni justifié ni justifiable; mais on est tellement habitué, de nos jours, à voir quelle dépravation de goût préside aux constructions modernes, que l'on est devenu peu sévère et que l'effet général suffit. Cet effet est heureux dans la porte de l'hôtel de Vogué, mais il ne doit pas faire oublier au prix de quels efforts, ou plutôt malgré quelles bizarreries il est obtenu.

Les pieds-droits se prolongent à travers le fronton courbe, et se retrouvent pour encadrer un attique d'un dessin plus ferme que le reste, et pour supporter une corniche à modillons qui termine le tout. Pourquoi la corniche domine-t-elle le fronton et non le fronton la corniche? Pourquoi ce fronton est-il en porte-à-faux sur le fragment de la corniche qui le supporte et qu'il devrait faire basculer?

Dans les monuments de l'antiquité, les rampants du fronton ont une fonction; ils indiquent l'inclinaison du toit qu'ils délimitent; la corniche en a une autre, elle termine les parties horizontales de la construction et supporte les figures qui garnissent le fronton; de telle sorte que le tout est justifié et que la corniche qui traverse la façade entière offre à l'œil toutes les conditions requises de solidité. Elle est comme un entrait ajusté avec les deux arbalétriers d'un comble. Mais lorsque cette corniche est brisée, comme ici, et réduite à deux tronçons, elle ne pourrait se justifier que si elle supportait quelque chose sur toute la longueur de ces tronçons. Or, elle ne supporte rien qu'au point où elle n'est plus soutenue elle-même, et se présente dans des conditions d'équilibre peu rassurantes. Remarquons cependant que pour la justifier quelque peu, on a continué sur le tympan du fronton des saillies qui prolongent les pilastres et relient ceux de l'attique à ceux qui accompagnent l'ouverture de la porte.

Le vantail en chêne qui ferme cette baie, sculpté avec luxe dans la partie supérieure, est formé de petits panneaux à bossages encadrés par des montants et des traverses très-simples.

En arrière de cette entrée et du mur trop lisse où elle est percée, règne sur toute la cour de l'hôtel une petite galerie qui, par la délicatesse de ses détails et la légèreté de son ensemble, paraît antérieure d'un demi-siècle. Trois arcades la forment, décorées d'une colonne sur chacun de leurs pieds-droits, et de figures de Renommées dans leurs tympans. Aux clefs des arcs sont des écussons chargés de trois lettres, B. M. G., qui forment les initiales des noms de Bohier et de Madeleine Giroud, sa seconde femme; à moins qu'on n'y veuille voir la lettre M initiale du nom de Massol, première femme du président.

Nous donnons le détail du plafond en pierre qui recouvre cette galerie, œuvre dont la simplicité élégante suffit pour faire apprécier toute cette partie de la construction, où l'on respire encore un certain parfum de la Renaissance.

Quelque soignés que soient les autres bâtiments, rien n'y vaut ce morceau. Les parties les plus ornées y alternent avec d'autres d'une nudité que rien ne justifie; mais le tout forme un ensemble fort intéressant, autant pour l'architecte que pour l'historien. On est, en effet, dans la demeure de l'une de ces grandes familles de la magistrature au dix-septième siècle, et tout un passé d'études et de vie austère se lève devant vous.

Plusieurs des appartements ont été modifiés au dix-huitième siècle, époque où fut créée la bibliothèque qui existe encore et dans laquelle sont placés les livres recueillis par sept générations successives. Dans l'une des pièces, cependant, est restée la cheminée que nous publions et qui sert à dater toute la construction. On lit, en effet, la date de 1614 au-dessous de l'écu qui portait les armes de Bouhier : « Azur au taureau d'or. » Cette cheminée, encadrée de pilastres fort simples, incrustés de panneaux en marbre, et accostée de termes vigoureux à sa partie inférieure, est surtout ornée sur son trumeau. Cette ornementation se compose d'un riche encadrement en marbre, à compartiments bordés de moulures sculptées, accompagné de deux niches garnies de statues et surmonté d'un fronton brisé circulaire où sont couchés deux enfants qui supportent l'écu des Bouhier. On remarquera dans la frise sculptée du linteau cet ornement en éventail qui procède de la palmette antique, qui se transforme en coquille au milieu du seizième siècle, et qui se poursuit à travers le dix-septième et le dix-huitième, en subissant néanmoins de profondes modifications.

# PORTE D'UNE MAISON À LYON

—

UNE PLANCHE

Nous manquons tout à fait de renseignements sur l'époque précise où fut construit et décoré cet ensemble d'une porte d'entrée et de son vantail qui appartient à une maison de la rue Comfort, à Lyon. La sculpture en pierre, la menuiserie et la ferronnerie y sont employées à l'envi, et le tout y montre certaines traditions de la Renaissance encore assez vivaces. Nous y trouvons même cette singularité de ferrures apparentes à volutes, qui sont en France un souvenir du moyen âge, mais dont l'habitude s'est perpétuée pendant tout le seizième siècle en Allemagne. Il y a dans ce détail quelque pratique provinciale, croyons-nous, et, en tout cas, la preuve d'une grande habileté manuelle chez l'ouvrier qui a façonné ces ferrures, le heurtoir avec sa platine et le grillage qui garnit l'œil de bœuf avec l'enlacement si élégant des deux lettres N. P.

Les moulures nombreuses de la menuiserie sont encore un souvenir de la Renaissance, si leur saillie nous reporte aux habitudes qui prévalurent sous le règne de Louis XIII. Nous voyons, en conséquence, deux tendances opposées dans ce travail, comme la lutte d'habitudes provinciales contre les intrusions d'un goût nouveau. Des profils plus ronds que dans la porte de l'hôtel de Vogué, qui est de 1614, plus de finesse que dans la cheminée de l'Hôtel de ville de Lyon[1], qui est de 1641 à 1655, nous semblent devoir placer la construction de cette porte à une époque qui peut varier de 1630 à 1640.

[1] Planches LXI et LXII.

# GALERIE DU CHATEAU DE BEAUREGARD

UNE PLANCHE

Nous revenons au château de Beauregard dont nous avons déjà décrit un appartement[1], pour nous occuper d'une galerie postérieure à ce dernier d'une soixantaine d'années pour le moins. Cette galerie fut décorée des portraits historiques des personnages appartenant à trois siècles de l'histoire de France, par Paul Ardier, trésorier de l'épargne et conseiller d'Etat. C'est en 1617 que Paul Ardier acheta Beauregard, où il mourut en 1638, à l'âge de quatre-vingt-quinze ans. « Un vieillard plantait, » dit la fable; mais bâtissait-il à quatre-vingt-quinze ans? Nous en doutons, et il est permis de supposer que c'est peu d'années après avoir acquis Beauregard que Paul Ardier en fit décorer la galerie. Cependant le tableau qui occupe le milieu des lambris que nous publions étant une allusion au siége de la Rochelle, qui fut terminé en 1628, il faut reporter après cette année l'achèvement de ce travail. « La galerie est décorée de trois « cent soixante-trois portraits historiques, rangés sur trois rangs, en hauteur, « par compartiments ou travées séparés par des fenêtres. Chaque règne des rois « de France occupe un compartiment. Tous ces portraits ne sont pas sans mé- « rite, et ont au moins celui de la ressemblance, autant qu'on en peut juger « par ceux qu'il est possible de comparer à d'autres représentations iconogra- « phiques des mêmes personnages. Leur arrangement est surtout remarquable, « chaque panneau offrant d'abord les portraits du roi de France, de la « reine, des princes et princesses, puis ceux de tous les hommes célèbres de

[1] Page 37, planches XXXIV et XXXV.

8

« l'époque, tant en France qu'à l'étranger; au bas l'indication du règne et
« de ses dates chronologiques, et sur les panneaux inférieurs des boiseries, les
« devises des souverains. C'est un cours complet d'histoire de France pendant
« trois siècles, depuis Philippe de Valois jusqu'à Louis XIII[1]. »

C'est naturellement le panneau du règne contemporain de la décoration de
cette galerie que notre planche reproduit. « Louis XIII y a deux devises : 1° une
« massue, ERIT HÆC QVOQVE COGNITA MONSTRIS : *Celle-ci sera aussi connue des*
« *monstres,* ou :

> Des monstres à son tour elle sera connue ;

2° le port de la Rochelle fermé par une digue : CLAVDO SED VT RESERAM
« (pour *reserem*); *je le ferme, mais pour le rouvrir.* En dehors de la digue, sur
« la mer, un radeau portant un escargot percé d'une flèche ; ESTO DOMI, *reste*
« *chez toi.* Cette devise s'applique sans doute à la flotte anglaise venue trop
« tard au secours de la Rochelle, dont le port était déjà fermé [2]. »

Des flammes ardentes, emblème des Ardier, que l'on voit au milieu des
cartouches accompagnés d'arabesques qui couvrent les panneaux des boiseries,
indiquent suffisamment quel est l'auteur de cette galerie, où des lettres enlacées,
d'un déchiffrement très-difficile, se rapportent aux différents membres de la
famille.

Plus tard, le président Ardier, fils de Paul, compléta l'œuvre de son père et
fit faire la série des portraits du règne de Louis XIV.

Les peintures d'ornement qui courent sur les frises et sur les panneaux des
boiseries rappellent encore quelque peu l'art de la Renaissance, mais on y
remarque de profondes altérations produites par le goût nouveau ; moins
d'élégance dans les détails, des palmettes faites d'une certaine façon, et sur
tout l'emploi des teintes plates et de la dorure qui caractérisent cette époque
de Louis XIII dont l'architecture brille encore d'un vif éclat, et nous a laissé
une foule d'œuvres originales.

[1] L. de La Saussaye, *Blois et ses environs* (article BEAUREGARD), page 244.
[2] *Idem. — Ibidem,* page 246.

# PLAFOND A LA BIBLIOTHÈQUE IMPÉRIALE

UNE PLANCHE

Vers l'année 1643, Jacques Tubeuf, président de la Cour des comptes, vendait au cardinal Mazarin l'hôtel qu'il avait fait bâtir sur la rue Neuve-des-Petits-Champs, au coin de la rue Vivien, aujourd'hui rue Vivienne[1].

C'est en 1633 que la rue Neuve-des-Petits-Champs fut ouverte, c'est donc postérieurement à cette époque que le président Tubeuf fit élever par Le Muet son hôtel, qui alors avait vue sur les jardins du Palais-Royal. C'est Simon Vouet, mort en 1640, qui fit les peintures qui existent encore dans le plafond que nous reproduisons. C'est donc entre les années 1633 et 1640 qu'il faut placer l'ornementation de cette demeure.

Bien que très-riche, ce plafond, qui orne le fond de la salle de lecture du département des manuscrits à la Bibliothèque impériale, n'approche point encore de la complication de lignes que nous trouverons plus tard.

Les trois figures des trois grands caissons, très-reconnaissables pour être de Simon Vouet, représentent sans doute la Paix entre l'Agriculture et le Commerce, emblèmes tout à fait convenables pour la résidence d'un président de la Cour des comptes. Dans quatre petits cartouches sont peintes en camaïeu les quatre vertus cardinales, la Force, la Prudence, la Justice et la Tempérance; ces allégories peuvent avoir été ajoutées, après l'acquisition, par le cardinal de

---

[1] Le comte L. de Laborde, le Palais Mazarin. Paris, 1846.

Mazarin, avec les quatre autres figures des quatre cartouches extrêmes. Ce sont des génies qui portent, l'un le chapeau cardinalice, l'autre le faisceau emblématique de Jules de Mazarin ; le troisième ses armoiries : « de gueules aux trois étoiles d'or; » le dernier les lettres C. M. enlacées, initiales de sa qualité et de son nom. Ces génies sont évidemment d'une autre main que les grandes figures.

Des arabesques d'or, tantôt sur fond blanc, tantôt sur fond pourpre, courent sur le plat des boiseries qui séparent les caissons. Un quadrillé d'or garnit le fond des deux caissons extrêmes, en dehors des ovales qui circonscrivent les peintures, sous les masques et les guirlandes en relief.

Deux frises bordent le plafond à ses extrémités et sont comprises dans son ordonnance générale, mais doivent avoir été refaites à une époque qu'il nous serait difficile de préciser. Elles sont circonscrites par une moulure saillante sur laquelle des oves sont figurés, tandis que partout ailleurs c'est la sculpture qui est employée. Le champ de chacune des deux frises représente un globe chargé de trois fleurs de lis de France, soutenu par deux petits génies dont le corps se termine en volutes nombreuses. Le tout est peint en jaune rehaussé d'or, sur fond blanc, et imite la sculpture. Cette décoration doit avoir été faite lorsque l'hôtel Tubeuf appartenait à la Compagnie des Indes. Les nuages ajoutés après coup et qui cachent en partie les fleurs de lis sont une précaution prise sous la République ou sous l'Empire, lorsque cet hôtel fut affecté à la trésorerie d'État, destination qu'il garda jusqu'en 1827. Alors le ministère des finances ayant pris possession des constructions de la rue de Rivoli, l'hôtel Tubeuf fut réuni à la Bibliothèque, qui n'occupait que les galeries ajoutées par Mazarin aux demeures qu'il avait primitivement achetées.

# LAMBRIS D'UN SALON

## HOTEL DE SULLY

UNE PLANCHE

Lorsque le contrôleur des finances Gallet fut enfin possesseur, en 1627, du
magnifique hôtel qu'il avait commencé de bâtir un peu après l'année 1623, dans
la rue Saint-Antoine, les constructions n'étaient point achevées [1]. Ce ne fut que
cinq années après, en 1634, que Maximilien-François de Béthune, marquis de
Rosny, l'acheta avec ses tableaux de François Poussart, sieur du Vigean, qui l'avait
acquis peu à peu, ainsi que les maisons dont cette demeure, avec ses dépendances, occupe aujourd'hui la place. En 1639, le marquis de Rosny épousa
Charlotte Séguier, et nous croyons reconnaître les lettres initiales des deux
époux dans le monogramme qui orne les lambris reproduits sur notre planche.
Nous y voyons, en effet, les lettres M. F. R. C. S. qui donnent Maximilien-François Rosny, et Charlotte Séguier. Il est étonnant que ni le nom patronymique
de Béthune ni celui de Sully ne se trouvent rappelés, tandis que de nos jours,
c'est par ces deux noms que l'ami de Henri IV et sa descendance sont surtout
connus. Mais au dix-septième siècle, dans l'année même où le petit-fils du grand
duc de Sully se mariait, Duchesne, dans son *Histoire de la famille de Béthune*,

[1] L'hôtel de Gallet (connu aujourd'hui sous le nom d'hôtel de Sully, rue Saint-Antoine, 143),
fut édifié sur les plans de Jean Androuet du Cerceau, architecte de Louis XIII. — Ad. Berty, *les
Grands architectes français de la Renaissance* et *la Renaissance monumentale*.

n'appelle celui qui nous occupe que marquis de Rosny, sans faire mention du nom de Sully. C'est donc après l'année 1639 que fut décorée la pièce dont notre gravure reproduit une partie des lambris.

C'est la travée centrale et celle où s'ouvre la porte d'entrée que l'on a choisies, la cheminée qui fait face étant une addition du dix-huitième siècle. A la simplicité des divisions de la décoration, à la saillie des moulures, au caractère énergique des sculptures, à la solennité des pilastres cannelés qui supportent l'entablement, à la façon maladroite dont le plafond, — chose qui n'est point indiquée sur la gravure, — se raccorde avec cette corniche, dont il est séparé par un certain intervalle, nous pensons voir encore un reflet du style qui prévalut sous Louis XIII. Pour nous, c'est un exemple de la décoration des premiers temps de la régence d'Anne d'Autriche que nous avons sous les yeux ; le portrait lui-même appartient, par son costume, à cette époque. Quant à la peinture qui occupe le cercle tracé sur le plafond, les tons noirs dont elle est revêtue empêchent de la bien juger et d'en tirer aucune induction.

Cette chambre, placée dans les arrière-bâtiments de l'hôtel de Sully, sur le jardin, est tout ce qui reste des décorations intérieures d'un hôtel qui est encore complet dans son architecture extérieure, remarquable par une statuaire « ronflante, » souvenir de l'art flamand importé par Rubens. Un escalier à rampes droites, à voûtes rampantes et à compartiments, doit encore y être remarqué.

# ALCOVE D'UNE CHAMBRE A COUCHER

## PRESBYTÈRE DE SAINT-NICOLAS DU CHARDONNET

UNE PLANCHE

Au numéro 38 de la rue des Bernardins, existe une maison passablement délabrée qui sert de presbytère à l'église Saint-Nicolas du Chardonnet. Sa façade refaite en plâtre, il y a quelques aunées, n'annonce guère que l'on puisse être intéressé à en visiter l'intérieur. Dans la plupart des pièces, c'est le dix-huitième siècle qui s'annonce par le style des ornements, mais c'est le dix-septième que l'on retrouve dans la chambre à coucher dont nous publions l'alcôve.

Cette pièce est complète, au plafond excepté. Ce dernier est aujourd'hui une surface unie en plâtre qui remplace, soit les caissons, soit les poutres apparentes qui devaient exister jadis.

D'un côté est l'alcôve ; en face, la cheminée avec la porte d'entrée sur le côté ; une fenêtre et une demi-fenêtre éclairent la pièce sur la droite, en regardant l'alcôve. L'autre mur est plein et recouvert de boiseries peintes, ainsi que le sont le trumeau entre les fenêtres, et les murs de chaque côté de la cheminée.

Nous n'avons pas besoin de décrire l'alcôve. Deux pilastres cannelés en supportent le chambranle, d'où pend une double guirlande de fruits qui se rattache à des consoles qui se projettent latéralement de chaque côté des pilastres. Les panneaux des boiseries de l'alcôve sont ornés alternativement d'un camaïeu gris, assez brutalement peint, représentant un dieu de l'Olympe, et d'un ornement de feuillages de couleurs assez tendres, sur un fond jaunâtre imitant le bois.

Les figures des dieux nous semblent d'une époque postérieure aux peintures du restant de la pièce; aussi M. E. Rouyer leur a-t-il substitué, avec raison, les sujets qui décorent les panneaux inférieurs du mur, en face des fenêtres. C'est *Apollon poursuivant Daphné, Diane attendant Endymion.*

Les lambris de la chambre suivent les mêmes divisions que ceux de l'alcôve, avec cette différence que des toiles ovales s'y ajustent à la hauteur des portraits que l'on voit au-dessus des portes qui accompagnent celle-ci. Ces toiles, peintes de sujets allégoriques, comme les quatre éléments, et de scènes prises dans la fable, nous semblent appartenir aux commencements du dix-huitième siècle. Le pinceau d'un décorateur les a brossés, et ils doivent remplacer des portraits continuant la série de ceux qui figurent sur notre planche. Les costumes des personnages qui y sont représentés sont ceux du milieu du dix-septième siècle. Sur un troisième portrait qui garnit le trumeau entre les deux fenêtres, et qui représente une dame, on lit le nom de *Catherine Pastoureau.* Les costumes, avons-nous dit, sont ceux de la jeunesse de Louis XIV, et l'architecture de la chambre nous semble leur être contemporaine. Les pilastres, en effet, montrent la même ornementation que ceux de l'hôtel de Sully, et nous voyons les mêmes ajustements dans le raccord des portes avec les trumeaux qui les surmontent. De plus, nous trouvons dans les gravures de J. Lepautre ces guirlandes en ronde bosse qui descendent à l'entrée des alcôves que cet artiste compose parfois avec un luxe si extravagant, et cette tendance à transformer leur architecture en quelque chose qui soit disposé comme pour une fête. Par ces analogies, nous pensons donc que la décoration de cette chambre de la rue des Bernardins doit avoir été faite vers le milieu du dix-septième siècle.

La maison où elle se trouve appartient à la ville de Paris et doit être démolie; mais cette chambre sera démontée, rétablie et restaurée dans le nouveau presbytère que l'on doit rebâtir.

# CHEMINÉE

# PORTE, ORNEMENTS PEINTS

(CHATEAU DE CHEVERNY, PRÈS BLOIS)

---

TROIS PLANCHES

---

Vers l'année 1634, le comte Henry Hurault de Cheverny, fils du chancelier,
fit bâtir le château actuel en remplacement d'un autre que son grand-père avait
fait construire. C'est un architecte nommé Boyer, de Blois, qui aurait, suivant Fé-
libien, construit ce château. Les lettres F. L., inexpliquées jusqu'ici, qui accompagnent la date 1634 dans un des cartouches de l'escalier, sont sans doute les
initiales du sculpteur [1]. Le château forme un seul corps de logis à deux étages
sans les combles, avec un étroit pavillon central et deux gros pavillons aux
extrémités. Au premier étage, des niches ovales très-ornées et contenant des
bustes d'empereurs, séparent les fenêtres ornées de frontons. Une niche semblable couronne le pavillon central. Un appartement réservé jadis pour le roi,
formé d'une salle des gardes, d'une chambre à coucher et de plusieurs cabinets,
forme la partie la plus intéressante de cette résidence, à cause des peintures de
Jean Mosnier, de Blois, qui en décorent les lambris. Ce Jean Mosnier [2], dont M. le
marquis Ph. de Chennevières a fait revivre la physionomie, était né à Blois en 1600.
Après avoir étudié sous son père, il était allé en Italie se perfectionner sous
les derniers Florentins. Il revint en 1625. A cette époque, il peignit pour la

---

[1] L. de La Saussaye, *Blois et ses environs* (article CHEVERNY).

[2] Ph. de Chennevières-Pointel, *Recherches sur la vie et les ouvrages de quelques peintres provinciaux
de l'ancienne France*; 4 volumes in-8°. Dumoulin. Paris, 1847 à 1862. Tome II (article JEAN MOSNIER).

9

reine mère, Marie de Médicis, au palais du Luxembourg ; puis rebuté, sans doute,
par le mauvais vouloir des intendants de la reine, il alla travailler à l'évêché
de Chartres, avant de se retirer à Blois, d'où il rayonna dans les églises, les
abbayes et les châteaux des environs. Il y mourut en 1650. De toutes les peintures qu'il exécuta aux environs de Blois, les plus importantes et les mieux
conservées sont celles du château de Cheverny.

« La salle des gardes est une très-grande pièce en longueur, qui occupe toute
l'aile comprise entre le pavillon central et celui qui est à droite dans la cour.
Le plafond, la haute cheminée de bois sculpté, les lambris inférieurs chargés de
peintures, les volets chargés d'arabesques sont demeurés sans mutilation, mais
les murs ont perdu leurs tapisseries. Le plafond est un chef-d'œuvre de goût.
Les quatre maîtresses poutres et les solives sont complétement décorées d'ornements délicats, très-analogues à ceux qu'on a retrouvés sur les arcs des chapelles
de l'église Saint-Eustache... Les peintures des lambris qui font le tour de la pièce
ne sont pas des sujets, mais de gracieuses figurines en camaïeu gris, sur un fond
brun, alternant avec des fleurs peintes de leurs couleurs, mais fort convenues,
comme il est ordinaire à des fleurs accompagnées de devises. » Telle est la description générale que M. Anatole de Montaiglon a donnée des peintures de la
salle des gardes, dans le livre de M. de Chennevières. Quant à la description
détaillée des figures, de leurs devises et de leurs emblèmes, il vaut mieux la
lire dans l'excellent livre de M. L. de la Saussaye.

La porte d'entrée offre une figure plus grande que celles des lambris ; elle
représente l'Etude, ainsi qu'on peut le voir sur notre figure. L'autre porte qui
communique avec la chambre du roi, n'est ornée que d'arabesques. L'examen
de ces deux portes et le profil de leurs moulures qui est indiqué au-dessous
d'elles, montrent quelles transformations profondes l'art décoratif a subies. A la
place des moulures nombreuses et fines, plutôt creuses que saillantes, ce
sont, au contraire, les moulures convexes qui dominent, débassant le champ
des panneaux. Ceux-ci sont encore petits et multipliés, dans la première
porte ; mais leur forme est simple, ainsi que leur disposition. Dans la seconde
porte, il n'y a plus que quatre grands panneaux solennels, comme l'architecture
du temps de Louis XIV. Remarquons aussi la forme extravagante des cartouches
qui surchargent les impostes, et qui s'étalent, exagérant la forme des peaux de
bêtes, dont la Renaissance avait su dessiner les contours avec tant d'élégance et
tirer un si merveilleux parti.

Les arabesques se sont aussi transformées, et, si elles sont encore élégantes, elles n'ont plus rien d'antique. Exécutées sous la direction d'un artiste tel qu'était Jean Mosnier, bien que d'un talent secondaire, elles sont un excellent spécimen de cette branche de l'art, lorsque le premier tiers du dix-septième siècle était en train de s'écouler, et méritent une étude attentive de la part des artistes qui se livrent à l'ornement.

La cheminée de la chambre du roi, exécutée en bois sculpté, porte sur son trumeau un tableau reproduisant une des scènes de l'histoire de Persée. Le héros mythologique conduit par Minerve pétrifie ses rivaux en leur présentant la tête de Méduse. Plus bas, sur le petit cartel qui coupe en son milieu le linteau de la cheminée, des petits enfants jouent avec la tête de Méduse. Ce camaïeu sur fond d'or, est le morceau le plus exquis de toute la décoration de cette salle, au dire de M. A. de Montaiglon.

Les développements de toute cette histoire de Persée se trouvent peints sur le plafond et au-dessus des portes; sur les bas lambris est retracée l'histoire de Théagène et de Chariclée, descendante de Persée et d'Andromède. Quant aux murs, ils sont recouverts de magnifiques tapisseries contemporaines, dont les bordures se voient dans notre gravure de chaque côté de la cheminée. Pour celle-ci, il est superflu d'en faire remarquer la robuste élégance et d'insister sur l'heureux accord que l'on y voit entre la sculpture, les ornements peints et les tableaux qui y sont encastrés.

Tout se tient dans cette décoration la plus homogène qui soit en toutes ses parties, étant faite de toutes choses de la même époque, façonnées et fabriquées pour la place qu'elles occupent. Aussi doit-on considérer comme excessivement précieuse pour l'histoire des arts décoratifs l'existence de tout cet ensemble qui appartient à la fin de la première moitié du dix-septième siècle.

# CABINET DIT DE SULLY

A L'ARSENAL

DEUX PLANCHES

Le cabinet connu sous le nom de Sully, à l'Arsenal, reçut la décoration que reproduisent nos planches, alors que cette résidence des grands maîtres de l'artillerie était occupée par le maréchal de La Meilleraie, qui succéda, en 1634, au marquis de Rosny. C'est sa seconde femme, M^{lle} de Cossé, qu'il épousa en 1637, qui passe pour avoir transformé le cabinet de Sully afin d'en faire sa chambre à coucher. Il faut donc placer les travaux entrepris entre cette année 1637 et celle de 1664, où mourut le maréchal. Mais une circonstance de la vie de M^{me} de La Meilleraie, rapprochée d'un détail de la décoration de la chambre pourra servir à mieux préciser la date de celle-ci. Le cardinal de Richelieu devint épris de M^{me} de La Meilleraie, qui avait épousé, à seize ans, un mari ayant le double de son âge, et qui, de plus, était fort laid. Pour éviter les poursuites du terrible cardinal, elle s'enfuit dans son gouvernement de Bretagne, et ne revint qu'après que Richelieu eut changé de fantaisie. Or, ce sont « les femmes fortes, » comme on disait jadis, dont les portraits décorent les hauts lambris de la chambre. N'est-ce pas là une allusion à cette faiblesse, qui était aussi de la force, que M^{me} de La Meilleraie montra en fuyant le péril. Richelieu mourut en 1642; ce serait alors de 1637 à 1642 qu'il faudrait placer la décoration de cette chambre. Une autre circonstance pourrait aisément servir à préciser cette date; c'est que les victoires remportées et les villes prises par le maréchal de La Meilleraie sont inscrites sur des drapeaux peints dans d'autres parties de l'appartement, celles qui manquent à la série sont alors postérieures à ces peintures [1].

La remarque que c'est la couronne de marquis qui domine le chiffre du maréchal encadré dans les arabesques des panneaux nous est de peu de secours ; ce fut seulement en 1663, une année avant sa mort, que M. de La Meilleraie fut créé duc.

Mais si nous ne pouvons fixer positivement la date que nous cherchons, on peut assurer que la chambre de M^me de La Meilleraie appartient aux dernières années du règne de Louis XIII, ou aux premières années de la régence d'Anne d'Autriche. Maintenant tout est-il du même temps, et les décorations peintes n'ont-elles point été ajoutées sur des boiseries antérieures à l'époque où la porte qui coupe la corniche aurait été ajoutée ? Nous ne le pensons pas. Les moulures de cette porte sont les mêmes que celles des boiseries et de la cheminée en marbre, et il faut les croire contemporaines des pilastres et de la corniche d'un profil beaucoup plus fin, il est vrai, qui règlent la décoration. Mais ces membres d'architecture empruntés à l'antique avaient leurs modèles dans la tradition classique, tandis que l'on n'en avait point pour les boiseries, et ainsi la disparate s'explique à nos yeux. Cette réminiscence des ordres antiques est à noter dans cette boiserie, où nous signalerons surtout les sculptures du couronnement de la cheminée, données en détail sur notre seconde planche. Elles ont une fermeté et une largeur qui rappellent quelque peu les sculptures de la grande galerie du Louvre.

Il y a quelque bizarrerie dans l'ajustement de cette décoration, composée d'un ordre coupé par une porte et surmonté d'une large frise ; celle-ci étant un peu trop simple, malgré les portraits des « femmes fortes » qui y sont encastrés, tant pour ce qui la supporte que pour le plafond qui la surmonte. Mais cette bizarrerie nous semble particulière à une époque de transition qui n'ose encore briser les formes convenues, et qui ne peut cependant en imaginer de nouvelles plus en rapport avec de nouveaux besoins.

Les arabesques des panneaux sont d'une grande élégance, une imitation très-libre de l'antique, et appartiennent à l'école que les travaux de Fontainebleau avaient créée.

---

[1] Nous devons à M. Anatole de Montaiglon cette remarque qu'il nous a été impossible de vérifier, les pièces qui nous occupent étant en ce moment-ci (décembre 1862) fermées au public d'une manière absolue.

# CHEMINÉE

# A L'HOTEL DE VILLE DE LYON

DEUX PLANCHES

Une polémique assez vive s'est élevée à propos de l'auteur des plans de l'hôtel de ville de Lyon. M. T. Desjardins, auquel avait été confiée la tâche d'agrandir et de restaurer ce palais de la ville, pour le transformer en palais impérial et en résidence pour l'administration du département, avait attribué l'honneur des dispositions générales de la construction primitive au célèbre géomètre lyonnais Gérard Desargues. En effet, il existe aux archives de la ville de Lyon une lettre des consuls à Gérard Desargues, datée du 18 mai de l'année 1646, qui le remercie « du dessin qu'il lui a plu prendre la peine de trasser pour l'hostel commun de la ville qu'ils ont délibéré de faire construire jouxte la place des Terreaux [1]. » Il citait aussi l'architecte Lemercier comme ayant reçu de la part des consuls une rémunération pour avoir fait un plan de l'hôtel de ville. Cependant le plan original de cette construction, parafé par le prévôt des marchands et les échevins, à la date du 14 juillet 1646, porte la signature d'un certain Simon Maupin, voyer de la ville. De plus, les médailles et les gravures qui représentent l'édifice portent toutes la mention *Maupin invenit*. De ces faits et de plusieurs autres, un anonyme, auquel M. S. Delorme a prêté l'appui de sa plume dans *le Courrier*

[1] T. Desjardins, *Notice sur l'Hôtel de ville de Lyon et sur la restauration dont il a été l'objet*. In-8°. Lyon, 1861.

*de Lyon*, a conclu que c'était à ce Simon Maupin, encore inconnu la veille, que revenait tout l'honneur des constructions du palais de la place des Terreaux [1].

Ce qu'il y a de certain, c'est que Simon Maupin eut seul la conduite de la bâtisse, où il eut affaire à des entrepreneurs fripons, qu'il n'avait pas l'autorité de gouverner à son gré, et que G. Desargues eut à étudier la coupe des pierres de l'escalier, appliquant ainsi une science qu'il avait sinon créée, du moins dogmatisée.

En 1655 eut lieu l'inauguration de l'hôtel de ville de Lyon. C'est donc entre les années 1646 et 1655 qu'il faut en placer la construction.

A cette époque appartient la cheminée en pierre que nous publions, et qui décore au premier étage la salle dite du Consulat; cette cheminée doit nécessairement être plus voisine de l'année 1655 que de celle qui vit commencer les travaux. Nous n'avons point à nous étendre sur cette décoration, qui, par la sévérité de ses lignes et l'ampleur de ses détails, convient parfaitement à la gravité d'un édifice municipal.

C'est toujours le même système que nous avons déjà plusieurs fois rencontré, d'une construction faisant saillie sur le nu du mur, et formant tout un ensemble architectural avec son épais linteau surmonté d'une étroite tablette, avec le cadre de son trumeau où était placée jadis l'*Apothéose d'Auguste*, peinte par Thomas Blanchet, avec son couronnement chargé d'un écusson qui interrompt une frise de godrons et que contourne une corniche terminale. Notons cependant que l'ouverture du foyer est déjà moins haute qu'aux époques précédentes.

Les boiseries qui accompagnent cette cheminée participent aussi de l'austérité de ses ornements, et s'accordent au mieux avec elle. Il faut sans doute voir dans les reliefs qui décorent, tant la cheminée que les boiseries, l'œuvre des sculpteurs Hendrecy et Mimerel, qui, d'après les comptes déposés aux archives de la ville de Lyon, coopérèrent aux travaux de l'hôtel de ville.

Nous trouverons plus loin une autre cheminée qui appartient à une époque postérieure, et qui se trouve dans le même édifice [2].

[1] S. Delorme, *Courrier de Lyon*, 19 et 22 septembre, 21 octobre 1861.
[2] Page 95. Planches LXXXVI à LXXXVIII.

# CHAMBRE A COUCHER DU ROI

## AU PALAIS DU LOUVRE

## PLAFOND DE L'ALCOVE

UNE PLANCHE

La date de 1603 inscrite sur les cartouches de la chambre à coucher qui fait partie des trois pièces avoisinant le musée des Souverains, au Louvre, est une erreur. Deux de ces trois pièces, fabriquées de 1828 à 1830 avec les fragments de toutes les époques et de toutes les provenances, ne doivent porter ni le nom ni la date qu'on leur assigne. La pièce, notamment connue sous le nom de chambre de Henri IV est la chambre de Louis XIV, et sa date est plus voisine de 1650 que de 1603. De plus, ce n'était point là que se trouvait jadis la chambre où Henri IV fut rapporté mourant après l'attentat de Ravaillac, mais près de la place où se trouve aujourd'hui la salle dite des Sept cheminées, dans laquelle les chefs-d'œuvre de l'École française moderne sont exposés.

La prétendue chambre de Henri IV est faite en partie de boiseries qui appartiennent au règne de Henri II, en partie de boiseries appartenant à la jeunesse de Louis XIV. Ce fut Gilles Guérin [1] qui, vers l'année 1750, eut la conduite des ornements et des figures de la chambre du roi, et qui exécuta de sa main les quatre enfants qui soutiennent le pavillon de l'alcôve ; mais ce furent les sculpteurs Girardon, Regnaudin, Nicolas Legendre et Laurent Magnier, celui qui exécuta les sculptures de la chambre d'Anne d'Autriche à Fontainebleau, auxquels échut la tâche de sculpter les figures qui sont dans « la gorge du plafond, » c'est-à-dire dans la voussure qui forme un dôme elliptique au

[1] Gilles Guérin, né à Paris en 1606 et mort en 1678, était élève du sculpteur Lebrun et de Jacques Sarrazin, pour lequel il sculpta les deux groupes de cariatides placés à la gauche du pavillon de l'Horloge, dans la cour du Louvre.

centre de la pièce. Or, la « gorge du plafond» de l'alcôve répète trop exactement
les formes générales, les profils et le style des ornements de celle de la chambre
pour que l'on n'attribue point les deux œuvres à la même époque. Les enfants,
joueurs de flûte, dont le corps se termine en rinceaux de feuillages, qui sont
sculptés sur le plafond, en dehors du petit dôme central, montrent aussi les
même formes et les mêmes habitudes d'école que les enfants de Gilles Guérin.

Une difficulté se présente cependant, quant à cette alcôve ; c'est que derrière
les deux enfants de Gilles Guérin, qui portent un écu moderne au chiffre H,
remplaçant un écu au bonnet de la liberté qu'on y avait sculpté sous la République, il existe une corniche et une frise chargée de cette même lettre H cou-
ronnée. Or, un des ouvriers qui coopéra à la confection des trois chambres ac-
tuelles, avec toutes les boiseries trouvées dans les combles du Louvre, où il est
encore gardien, assure que cette corniche et la frise ne faisaient qu'un, lorsqu'on
les a trouvées, avec l'écusson et les enfants qui leur servent de support. Faut-il
croire que Gilles Guérin se servit lui-même d'anciennes boiseries auxquelles il
adapta de nouveaux ornements? On doit le supposer, car Guillet de Saint-Georges,
dont les notices nous fournissent les détails que nous venons de relater sur
les travaux de la chambre du roi, était contemporain des choses dont il parlait
devant l'Académie nouvellement fondée. C'est aux artistes mêmes dont il citait
les travaux qu'il s'adressait, et ses erreurs eussent été rectifiées.

Si l'on étudie avec quelque soin toutes les boiseries de la chambre, on reconnaîtra que, pour adapter celles-ci au nouvel emplacement qui leur était donné,
on entoura l'ensemble que forme le dôme ovale central de cartouches carrés,
imités de modèles disposés aux quatre coins du plafond, et que, dans les lambris,
la frise aux H de Henri II se retrouve encore mêlée à des travaux dont Guillet
de Saint-Georges mentionne les auteurs. Enfin, ces lambris ayant dû être
allongés pour la place nouvelle qu'ils occupent, ce sont encore des boiseries du
temps de Henri II, reconnaissables au style et aux croissants, plusieurs fois
répétés, qui garnissent les soubassements. Ainsi cette pièce hybride est formée de
lambris appartenant à deux époques. Les uns ajustés peut-être dès l'année 1650,
les autres adaptés à leur place par MM. Percier et Fontaine, auteurs de la restauration où l'on travaillait encore en 1830. Mais le caractère dominant de
l'ornementation est celui de la minorité de Louis XIV, et c'est la date qui clôt
cette minorité qu'il faudrait inscrire sur les cartouches, au lieu de la date trompeuse qu'on y lit.

# SALON D'ANNE D'AUTRICHE

AU PALAIS DE FONTAINEBLEAU

QUATRE PLANCHES

Bien que les décorations du salon d'Anne d'Autriche au château de Fontaine-bleau soient contemporaines de celles de la chambre du roi, son fils, au palais du Louvre, il semblerait que le voisinage de tant d'œuvres de la Renaissance ait influé quelque peu sur leur caractère général. Il y a quelque chose qui rappelle l'antique, en effet, dans la colonne d'arabesques qui accompagne la porte d'entrée, et dans celles qui remplissent les panneaux de cette dernière. Ce sentiment est moins prononcé dans le plafond et dans ses voussures, ainsi que dans les figures et les ornements en ronde bosse qui font saillie sur les trumeaux des portes. C'est à Laurent Magnier, qui travailla à la chambre du roi, que sont dues ces sculptures [1] exécutées en l'année 1653, selon Guillet de Saint-Georges. C'est donc Anne d'Autriche régente qui les commanda. Quant à l'artiste qui fit les peintures, nous n'avons pu le trouver dans cet auteur qui nous renseigne si bien sur tous les membres de l'Académie à peine formée. Nous n'avons point à insister sur le caractère de ces peintures, qu'une planche de détails reproduit à une assez grande échelle. Elles sont exécutées à la colle et en couleurs naturelles, sur un fond blanc. Les tons bleus dominent dans les

---

[1] Laurent Magnier, dit *Monière*, né à Paris en 1618, où il mourut en 1700, était fils d'un sculp-teur et visita l'Italie. A son retour, en 1643, il travailla aux boiseries du cabinet du roi, au Louvre. Admis à l'Académie en 1664, il passa sous la discipline de Ch. Le Brun, qui l'employa à Ver-sailles.

feuillages. Les moulures sculptées de la porte, dont les profils ont été reproduits en grand, sont dorées.

Le plafond est d'une grande richesse et digne en tous points des lambris qu'il recouvre. Il se compose d'une large voussure centrale, encadrée par quatre caissons carrés qui se combinent aux angles avec quatre caissons circulaires.

Sous la corniche règne une frise à fond blanc, sur laquelle se détachent des ornements de toutes couleurs dont une palmette forme le motif principal. Les moulures d'encadrement du plafond sont dorées, et les arabesques des caissons qu'elles encadrent se détachent sur un fond blanc. Quant aux parties qui portent des figures en relief, elles sont en or guilloché, et les figures sont dorées. La grande gorge qui entoure la voussure centrale est noire à ornements d'or, et présente un vigoureux contraste avec les sujets peints sur blanc, qui couvrent les compartiments divers du reste du plafond. Un chiffre formé des lettres A L, deux fois répétées et enlacées, est celui d'Anne et de Louis; mais ici il s'agit de Louis XIV et non de Louis XIII.

# AU CHATEAU DE MAISONS

———

———

Ce fut François Mansart, l'oncle, qui construisit, en 1648, le château de Maisons, pour le surintendant des finances, Réné de Longueil, créé marquis de Maisons en 1658.

Si l'architecture de cette résidence est remarquable à l'extérieur par la grandeur de ses lignes et la sévérité de son ordonnance, l'intérieur n'offre guère aujourd'hui de motifs de décoration. Nous donnons un fragment de la corniche de l'escalier, ainsi que l'encadrement d'une porte, détails qui se font remarquer par la fermeté de leurs profils et la sobriété relative de leurs ornements.

Quant au vantail en menuiserie qui occupe le milieu de notre planche, il serait postérieur à l'année 1658, si la couronne de marquis surmontant le chiffre de Réné de Longueil n'est point une addition. Il doit être en tous cas antérieur à l'année 1671, où Louis XIV fit une visite au château de Maisons. Cette menuiserie est remarquable par la simplicité de ses profils, qui sont presque tous formés de lignes droites, même dans les moulures, et par ses panneaux franchement saillants qui semblent appartenir à une époque plus reculée.

# VOUSSURE DE PLAFOND

À LA BIBLIOTHÈQUE IMPÉRIALE

---

UNE PLANCHE

---

Après avoir acquis l'hôtel de Chivry, qui était bâti à l'angle de la rue Neuve-des-Petits-Champs et de la rue Richelieu, et l'avoir réuni à l'hôtel Tubeuf [1], le cardinal Mazarin fit augmenter et compléter sa demeure, de façon à en faire un palais. C'est à F. Mansard que l'on doit la galerie qui longe la rue Richelieu, et qui au rez-de-chaussée était une écurie, puis la galerie parallèle en arrière de l'hôtel Tubeuf. Le rez-de-chaussée était destiné à enfermer les antiques que le cardinal avait fait venir d'Italie ; aujourd'hui il forme le Cabinet des estampes. Le premier étage, aujourd'hui affecté aux manuscrits, contenait les cabinets, les meubles, les tableaux. C'est en 1648 que Romanelli et Grimaldi arrivèrent d'Italie pour décorer ces galeries, ainsi que des salles en retour qui réunissaient par leur base l'extrémité de la galerie sur la rue, où était l'escalier d'honneur, et l'extrémité de la grande galerie, en arrière des deux hôtels. C'est dans l'une de ces salles qu'a été dessinée la voussure dont nous donnons un fragment. Le cardinal étant mort en 1661, et Romanelli l'année suivante, au moment où, étant retourné en Italie, il s'apprêtait à revenir en France, ces peintures sont de 1648 à 1660. Romanelli peignait les figures, et Grimaldi, les paysages ; mais on conçoit que ces deux artistes ne pouvaient suffire seuls à cette vaste besogne ; aussi le Génois

---

[1] Voir plus haut, page 59, le chapitre relatif au plafond de l'ancien hôtel Tubeuf.

Borzone passe pour avoir peint les paysages qu'encadrent des médaillons peints eux-mêmes et accompagnés de figures en grisaille.

Nous ferons remarquer cette nouveauté en France de balcons en perspective et de percées sur le ciel, qui sont un non-sens. Mais l'architecture des jésuites en avait fait bien d'autres en Italie, et l'on ne devait que trop, en France, suivre cette déplorable mode du trompe-l'œil, si contraire aux sévérités de l'art, tel qu'il avait été compris jusque-là dans notre pays.

# APPARTEMENTS DE L'HOTEL LAUZUN

NEUF PLANCHES, DONT UNE DOUBLE

Peu de demeures offrent, entre la simplicité de leur extérieur et le luxe déployé dans leur décoration, un plus grand contraste que ne le fait l'hôtel de l'île Saint-Louis connu sous le nom d'hôtel Lauzun. Un beau balcon en fer ouvragé, qui règne à la hauteur des fenêtres du premier étage, est tout ce que la façade offre de remarquable. Dans la cour, bâtie sur trois de ses côtés, — le quatrième est fermé par un mur mitoyen, — une loggia supportée en encorbellement sur l'échine de deux lions accroupis sur de vastes consoles, et des bornes piriformes protégeant les angles de la maçonnerie à l'entrée et aux remises, sont tout ce qu'on peut remarquer. Quant à ce qu'est l'intérieur, nos planches sans couleur n'en donnent qu'une idée affaiblie. Ce contraste s'explique. Le fondateur de cet hôtel était un traitant qui voulait dissimuler le luxe dont il s'entourait, afin de ne point attirer les regards jaloux sur une fortune rapidement acquise. Mais Fouquet, son patron, affichait au contraire un luxe capable d'en perdre plusieurs; aussi le prudent et l'imprudent furent-ils frappés du même coup.

Charles Gruyn, sieur des Bordes, commissaire général de la cavalerie légère, était fils d'un certain Gruyn qui tenait le cabaret de *la Pomme de Pin*, dans la rue de la Juiverie, en la Cité. En 1657, il épousa M^lle Geneviève de Mouy, veuve du sieur de Lanquetot, maître d'hôtel de la reine mère; cette madame de Lanquetot est l'héroïne d'une des historiettes que Tallemant des Réaux conte si bien [1].

---

[1] Tallemant des Réaux, *Historiettes*, MADAME DE LANQUETOT, t. VII, p. 31. Edition de MM. de Monmerqué et P. Pâris; Techener. Paris, 1838.

Le contrat de mariage portant que la future épouse « habitera l'hôtel que le futur époux est en train de faire construire, » la maison qui nous occupe date donc de l'année 1657. C'est en 1661 que Fouquet fut poursuivi et qu'en même temps Charles de Gruyn fut condamné à payer au roi une somme de 2,500,000 livres, équivalente à 20 millions d'aujourd'hui. On voulut l'exproprier de son hôtel, faute d'avoir pu acquitter cette énorme amende. Comme un chiffre formé des lettres G et M enlacées, initiales de Gruyn et de Mouy, se rencontre au milieu des peintures, comme les armes des deux époux se voient encore sur la plaque de l'âtre des cheminées, c'est donc entre les années 1657 et 1661 qu'il faut placer la décoration de l'hôtel de Gruyn.

En 1682 le fils de Gruyn le vendit au célèbre comte, plus tard duc de Lauzun, qui ne le garda que trois années. Cette demeure était trop éloignée, en effet, du Luxembourg, où habitait la grande Mademoiselle [1].

L'hôtel de Lauzun, puisqu'il faut lui donner ce nom, occupe, avons-nous dit, les trois côtés d'une cour. Le corps de logis du fond étant réservé aux communs et aux gens de service, nous n'avons point à nous en occuper, mais de ceux qui s'élèvent sur le quai et en retour sur la cour. L'escalier était dans l'angle

---

[1] Nous devons à l'obligeance de M. le baron Jérôme Pichon, propriétaire actuel de l'hôtel Lauzun, la connaissance des faits qui précèdent, ainsi que celle des nombreuses transmissions qui furent faites de cette demeure. Tous les propriétaires, de toute classe, qui s'y sont succédé, en ayant à peu près respecté les décorations, nous pensons qu'il sera intéressant de connaître leur suite.

Le duc de Lauzun, qui avait acquis, en 1682, l'hôtel fondé par Gruyn en 1657, le revendit en 1685, pour la somme de 80,000 francs, au marquis de Richelieu, que le duc de Mazarin, son beau-père, qui logeait à l'Arsenal, avait mis à la porte de chez lui par une belle nuit. Ici, il y a une lacune dans l'histoire, que Germain Brice éclaircit en partie dans sa *Description de la ville de Paris*. L'édition de 1684 parle assez sommairement et assez mal, du reste, de cet hôtel, comme appartenant à M. de Grandmaison. L'édition de 1717, un peu plus louangeuse, le donne à M. Ogier, receveur général du clergé, qui l'acheta en effet en 1709 du marquis de Richelieu. Le portrait du président Ogier, fils du précédent, ambassadeur en Danemark, puis surintendant de la maison de la Dauphine, belle-fille de Louis XV, existe encore encastré dans les boiseries d'un cabinet du rez-de-chaussée. En 1769, la présidente le vendit au marquis de Tessé, second fils du maréchal, dont les héritiers l'ont vendu, en 1779, à Mme la marquise de Pimodan. Mme de La Viollaye, sa fille, le garda pendant la révolution, cachant, dit-on, les lambris dorés sous des tentures en papier, et le céda en 1801 à M. Capon, ancien droguiste, l'inventeur de la fabrication en grand de la colle de pâte. M. Capon se contenta d'atténuer l'éclat trop brillant pour lui des dorures, en couvrant d'un ton gris les fonds quadrillés d'or des panneaux et les encadrements des portes, jadis ornés de dessins courants. Enfin, en 1841, M. le baron Jérôme Pichon acheta cette belle résidence, qu'il rétablit peu à peu dans son premier éclat, lui redonnant, en outre, un mobilier contemporain de ses lambris.

du bâtiment sur la cour. Il donnait accès au rez-de-chaussée, élevé au-dessus du sol, d'un côté, à un immense salon, suivi d'un cabinet, tous deux éclairés sur le quai; de l'autre côté, à la salle à manger[1]. Au premier étage, une chapelle surmontait la salle à manger; sur le quai s'alignent une antichambre, une chambre de parade, une autre chambre et un cabinet, Nous publions le côté de la cheminée dans la chambre de parade, trois côtés de la chambre à coucher, deux côtés du cabinet, plus les détails.

L'ancien grand salon du rez-de-chaussée, dont les boiseries sont une restitution moderne, ne possède d'ancien que les maîtresses poutres et les solives de son plafond, qui sont peintes d'ornements en camaïeu avec or, mais qui ne présentent point le luxe des plafonds peints du cabinet adjacent et des pièces du premier étage. C'était, en effet, la chambre à ruelle qui était surtout la pièce de réception au dix-septième siècle; et le salon n'était affecté, sans doute, qu'aux grandes réunions accidentelles.

Le petit salon du rez-de-chaussée est garni de deux rangs de boiseries; sur le premier, des paysages, dans des cartouches entourés d'ornements, alternent avec des arabesques entourant le chiffre G. M. Au second rang, des portraits enchâssés dans la boiserie, — ce sont ceux des Ogier, — alternent avec des panneaux de fleurs. Au-dessus de la corniche s'arrondit la voussure d'un plafond dont l'ovale est occupé par une peinture charmante, qui doit représenter le *Printemps et* l'*Été*. Ce n'est pas d'Eustache Lesueur, qui était mort, et avait peint l'hôtel Lambert quelques années auparavant, mais ce doit être de son école, de Colombel, peut-être, pour citer le meilleur de ses élèves.

La chambre de parade a été transformée en salon par les Pimodan, qui ont clos la vaste alcôve où se dressait le lit en arrière d'une balustrade. Notre grande planche représentant l'un des côtés de cette pièce nous dispense d'en décrire l'ornementation. Les ornements en bois sculpté et doré s'y détachent

---

[1] Le marquis de Pimodan ayant déplacé l'escalier, qu'il a reporté dans une partie du local affecté jadis à la salle à manger et à la chapelle, M. le baron J. Pichon s'est servi, au rez-de-chaussée, de la cage de l'ancien escalier pour faire un vestibule au salon qu'il a transformé en une bibliothèque pour les beaux livres, qui, avec l'ancienne argenterie, sont l'objet de son goût et de ses études. Au premier étage de cette cage, qui était ornée de deux niches avec leurs statues et d'une voussure surmontée d'un plafond, il a fait une salle à manger fort belle. La primitive antichambre, restaurée et garnie de deux des tapisseries de l'ancienne « tenture des Indes, » célèbre dans l'histoire des Gobelins, forme aujourd'hui un premier salon.

sur des fonds d'or quadrillé de noir, imitant la mosaïque. Les encadrements des panneaux des portes, dont nous donnons un détail, formés d'une double spirale de feuilles sont peints en rose vif et en bleu sur fond tanné, qui était celui généralement adopté comme s'accordant mieux avec l'or.

Faisons remarquer que la cheminée, ainsi que celles des autres pièces, ont quitté les dimensions monumentales qu'on leur donnait naguère encore. Celles-ci sont-elles tout à fait contemporaines de la décoration primitive? Nous inclinons à en douter. Il nous semble y reconnaître moins d'ampleur et un autre style que dans les sculptures qui entourent. Lorsque le marquis de Richelieu, ou même M. Ogier, aurait fait accommoder ces cheminées avec glaces, en remplacement des anciennes cheminées à trumeau, nous n'en serions aucunement étonné. «Les inventions de cheminées» publiées par J. Lepautre, à l'époque même où Gruyn faisait décorer son hôtel, sont toutes avec trumeaux décorés de sculptures et de caissons, tandis que celles de Jean Bérain, un peu postérieures, mélangent avec une égale proportion celles dans le genre ancien et celles dans le goût plus moderne. Des glaces y remplacent les ornements que la peinture et surtout la sculpture apportaient auparavant à leur décoration.

Les peintures des voussures et du plafond de cette chambre représentent *les Amours de Vénus*, riche matière, traitée avec un grand talent par un artiste qui nous est inconnu, et qui nous semble incliner quelque peu vers l'ampleur de formes et la morbidesse dont P.-P. Rubens avait donné de si magnifiques exemples au Luxembourg.

La chambre à coucher affecte des allures moins monumentales dans sa décoration, ainsi que le montrent nos planches. On y retrouve le style que Jean Lepautre créait si facilement du bout de sa pointe de graveur, mais ici modéré par l'exécution. C'est une combinaison de reliefs dorés se détachant sur un fond d'or assoupi par un quadrillé noir, et de peintures, soit camaïeux, soit tableaux encadrés dans des moulures saillantes, ornées elles-mêmes d'ornements peints.

La cheminée à glace semble s'accorder parfaitement avec les boiseries, les courbes à tête de bouc et les guirlandes qui l'encadrent, et serait peut-être l'un des plus anciens exemples de ce genre de décoration. Quant au lit, il a été composé par M. E. Rouyer pour remplir dans l'alcôve la place qu'occupe un lit du dix-huitième siècle, que M. le baron Jérôme Pichon y a placé provisoirement.

Le cabinet qui suit est plus riche. L'architecture de ses boiseries est divisée en deux ordres par une épaisse corniche supportée par des modillons d'où pendent des grappes de fruits, et supportant elle-même de petits pilastres qui montent jusqu'à la grande corniche. Une voussure la surmonte et se relie, par l'intermédiaire d'une grosse moulure, avec le plafond. Rien n'est plus riche ni plus éclatant que les peintures de cette pièce, qui ont conservé toute la fraîcheur du premier jour, et qui n'ont subi d'autre mutilation que la substitution de la peinture à l'or dans les fonds, et que la suppression des ornements peints sur les encadrements des portes. Comme partout dans les décorations de cette époque, ce sont les bleus qui dominent dans les rinceaux des voussures, ainsi que dans les ornements des panneaux.

En outre des planches qui donnent l'ensemble des décorations des différentes pièces de l'hôtel Lauzun, nos planches de détails indiquent la coupe des moulures et leurs dimensions ; de telle sorte qu'il est au moins possible de reproduire, sinon le luxe de cette magnifique demeure, du moins les formes que la sculpture, la peinture et l'or embellissent à l'envi.

# PORTES, CHEMINÉES ET · PLAFOND

PALAIS DE JUSTICE DE RENNES [1]

SIX PLANCHES

Le palais du Parlement de Bretagne, aujourd'hui Palais de Justice de Rennes, est l'un des plus beaux spécimens de l'architecture décorative du dix-septième siècle. Il présente de plus cet intérêt qu'étant placé loin de Paris, les artistes qui l'embellirent, étant soustraits à l'influence directe de Charles Le Brun, lui imprimèrent le cachet d'un autre art, pour ainsi dire, que celui qui se remarque aux travaux exécutés dans les châteaux royaux. Il y a en effet quelque chose de plus massif et de plus sévère dans les ajustements des différentes pièces du Palais du Parlement de Bretagne que dans les décorations contemporaines à Versailles. Les habitudes de l'art sous Louis XIII s'y laissent encore deviner, et l'on ne peut qu'applaudir à ce provincialisme arriéré qui s'est trouvé si bien d'accord avec la destination du monument pour lui imprimer ce cachet de robuste élégance si convenable aux délibérations de la justice.

[1] Nous devons les renseignements qui suivent et la lettre presque inédite du peintre Jean Jouvenet, que l'on lira plus loin, à l'obligeance de notre ami et confrère en archéologie M. Alfred Ramé, substitut du procureur général près la cour de Rennes, qui a bien voulu se dessaisir en notre faveur de quelques-uns des documents qu'il amasse pour écrire une monographie du Palais du Parlement de Bretagne.

### Porte dans la salle de la Grand'Chambre [1].

La salle d'audience de la Grand'Chambre du Parlement, réservée aujourd'hui aux audiences solennelles données par toutes les chambres de la Cour réunies, était jadis appelée la Chambre dorée. Sa décoration, exécutée de 1657 à 1663, passe pour être de Noël Coypel, sans que l'on ait encore trouvé de pièces à l'appui de cette opinion [2].

Les portes et le plafond sont d'une architecture et d'une décoration splendides; le plafond surtout chargé d'arabesques, peintes et sculptées, alternant avec des grisailles et des camaïeux inspirés de l'antiquité, est aussi magnifique par le grand goût de ses ornements que par l'ampleur de ses dimensions.

La porte qui nous occupe n'appartient point aux dispositions primitives de la salle. Elle fait communiquer la Grand'Chambre avec la salle du Conseil, et doit être contemporaine de l'établissement, en 1666, de deux lanternes réclamées par les femmes des magistrats qui voulaient assister aux audiences sans être vues. Elle s'ajuste en effet avec l'une de ces additions aux dispositions primitives.

Ce serait un certain Anthoine de Brays, «maître peintre à Paris», qui aurait exécuté les arabesques de couleur sur fond d'or, à moulures dorées, et à encadrements blancs, que l'on voit sur cette porte. Il reçut en effet des commissaires des travaux du palais la somme de cent soixante livres, le 18 juillet 1670, « pour peintures et dorures, faites en la Grand'Chambre du Palais ». Il n'y a que cette porte qui n'appartienne pas à la décoration primitive, et l'on connaît l'auteur de celle des lanternes, qui est d'un tout autre style.

Ces feuillages abondants, qui tournent assez difficilement, se retrouvent dans les anciens hôtels parlementaires de Rennes, où Anthoine de Brays travailla

---

[1] C'est à tort que la planche LXXX est intitulée « Porte dans la salle des États. » Le Palais de justice de Rennes ayant été bâti pour le Parlement de Bretagne et non pour la tenue des séances des États.

[2] M. Alfred Ramé pense que ces décorations appartiennent plutôt à Charles Errard le jeune, peintre et architecte, né à Nantes en 1606 et mort à Rome en 1689. Rien ne contredit la possibilité de cette attribution dans ce que l'on sait de positif sur la vie de cet artiste, qui s'appliqua surtout à la peinture décorative et qui avait fait une étude attentive de l'antique. Cependant Guillet de Saint-Georges ne parle point des travaux de Charles Errard à Rennes. On pourrait concilier l'opinion commune et celle de M. A. Ramé en se rappelant que Noël Coypel commença de travailler au Louvre sous la direction de Charles Errard.

longtemps; et le petit génie de la justice qui occupe le trumeau de la porte, se retrouve avec quelques variantes sur la cheminée de l'hôtel Runefao.

---

### Porte de la troisième Chambre d'audience.

Cette pièce, qui était jadis « la Chambre du conseil de la Tournelle du Parlement » passe pour avoir été décorée par Ch. Errard (1). Mais ceci est une erreur, car un des caissons du plafond porte la date de 1670, et de l'année 1666 à l'année 1673 Ch. Errard était à Rome, à la tête de l'Académie que Colbert avait créée sur ses plans et à son instigation. De plus, ce qui reste des anciennes peintures ne s'accorde nullement avec le style des travaux authentiques de Ch. Errard. Ce qu'il en reste est la porte que nous publions, avec la double porte qui en reproduit exactement le dessin, et les lambris qui garnissent les ébrasements des fenêtres. Sur ces derniers ce sont des guirlandes de fleurs peintes au naturel, d'une couleur très-éclatante, tandis que sur la porte ce sont des arabesques en camaïeu d'azur et de carmin sur un fond d'or.

La menuiserie était jadis peinte en blanc ou de tons clairs, mais de 1836 à 1838, lors des restaurations que l'on a infligées à cette salle, on leur imposa un ton acajou. Les toiles du dix-septième siècle qui étaient au plafond furent alors remplacées par des sujets dus au pinceau de M. N. Gosse.

C'est alors, aussi, que l'on remplaça, dans la frise, au droit des pilastres, par des étoiles inscrites dans des « triomphes de feuilles » les fleurs de lis fleuronnées qui y étaient jadis, et que l'on enleva les fleurs de lis et les mouchetures d'hermine qui terminaient les rinceaux feuillagés de cette même frise.

L'architecture de cette salle, avec ses pilastres ioniques à cannelures rudentées, rappelle, dans d'autres proportions, l'architecture du cabinet dit de Sully à l'Arsenal, en même temps que l'ornement sculpté dans la gorge de ses cannelures se retrouve fréquemment sur les menuiseries du milieu du dix-septième siècle. Cette architecture et les guirlandes de feuillage qui encadrent la porte de leurs bouquets un peu massifs, tout indiquerait un art antérieur de quelques années à

---

[1] La liasse relative aux travaux de cette chambre est égarée.

l'année 1670 inscrite au plafond, s'il ne fallait point faire la part, dans cette province éloignée et hostile alors à l'esprit français, des vieilles traditions locales conservées par les ouvriers bretons.

---

## Porte, cheminée et plafond de la première Chambre d'audience.

La salle de la première chambre civile était jadis la Chambre du Conseil de la Grand'Chambre. Son architecture est de beaucoup antérieure à ses décorations peintes.

En effet, c'est le 21 juin 1669 que les commissaires préposés à la construction et à la décoration du palais firent marché avec Pierre Dumesnil, maître menuisier, et François Gillet, maître sculpteur, pour l'exécution des lambris et du plafond de la chambre du Conseil, moyennant 7,300 livres. François Gillet mit donc une vingtaine d'années à exécuter la cheminée, le plafond et les sculptures que le menuisier Pierre Dumesnil préparait, ensemble qui était complétement terminé en 1694, et prêt à recevoir les peintures de Jouvenet. Cette date est fournie par une lettre du peintre rouennais que nous reproduisons en entier; elle est la meilleure description que nous puissions faire de la décoration de cette chambre.

---

### LETTRE DE JOUVENET

#### Aux Commissaires des travaux du Parlement de Rennes.

Mes<sup>eurs</sup>, pour obéir aux ordres dont il vous a plu m'honorer, je vous envoye les dessins des tableaux qui doivent être placés dans la chambre du Conseil, où j'ai exprimé les principaux attributs de la Justice sous des figures allégoriques.

Le grand tableau du milieu est de forme octogone. La Religion est au milieu de ce tableau, mise sur une espèce de trône.

La Justice est appuyée sur la Religion.

A la droite de la Religion, sont l'Autorité et la Vérité.

A la gauche, et du côté où est la Justice, sont la Raison et l'Éloquence.

Au bas du tableau, on voit la Force, qui, par l'ordre de la Justice, chasse l'Impiété, la Discorde, la Fourberie et l'Ignorance.

Au-dessous de la Raison, sont deux génies de la Renommée qui publient les décrets de la Justice.

Toutes ces figures allégoriques ont chacune leurs simboles autorisés par les antiques ou par la coutume.

La Religion tient un calice d'une main et le feu divin de l'autre.

La Justice a sa balance et son épée ; elle repose dans le sein de la Religion, parce que la Justice des hommes est fort imparfaite lorsqu'elle n'est pas appuiée sur la Religion.

L'Autorité a un sceptre et des clefs, qui sont les marques qui lui sont données dans les saintes Écritures ; le sceptre, orné de fleurs de lis, signifie que le Parlement est le dépositaire de l'autorité royale. Elle est appuyée sur la Vérité, pour marquer que ses voies sont la Vérité et le Jugement, suivant l'expression de David.

La Vérité est nue ; elle tient un soleil à la main droite, parce qu'elle aime la lumière comme le Mensonge les ténèbres. Elle a un livre ouvert dans la gauche ; les vérités morales sont dans les livres des lois divines et humaines.

L'Éloquence a un rouleau à la main ; son air, son attitude et la persuasion peinte, pour ainsi dire, sur ses lèvres et dans ses yeux, font connaître aisément ce qu'elle est.

La Raison se reconnaît à son air grave et sérieux ; elle s'appuie sur un lion, pour donner à entendre que c'est elle qui réduit ce qu'il y a de plus féroce.

Le premier des quatre ovalles représente l'Étude dépeinte par un jeune homme qui écrit à la clarté d'une lampe. Il a à son côté un cocq qui marque sa vigilance et son activité à étudier la jurisprudence. Il est accompagné des génies et des amours des sciences.

Le second des quatre ovalles représente la Connaissance sous la figure d'une femme qui tient un flambeau à la main et une horloge de sable. Un génie tient un livre ouvert qu'il lui présente, pour exprimer par ces attributs que la Connaissance a besoin de beaucoup de lumières et du secours des bons livres pour se faire de belles idées et les régler par une sage conduite, marquée par l'horloge de sable.

Dans le troisième ovalle, j'ai mis l'Équité. C'est une femme d'un air majestueux, qui tient d'une main une couronne et de l'autre un sceptre, pour marquer qu'elle dispense les récompenses et les peines ; plusieurs génies autour d'elle portent différentes couronnes pour signifier qu'elle honore et qu'elle récompense plus volontiers qu'elle ne punit, rendant néanmoins à un chacun ce qui lui appartient.

Dans le quatrième ovalle est représentée la Piété, sous la figure d'une femme extrêmement belle, ayant du feu divin autour de sa tête, qui, d'une main répand une corne d'abondance pour montrer que la justice étant bien rendue, par un esprit de religion et de piété, fait naître l'abondance partout. Elle met la main sur son cœur pour montrer l'ardeur et la sincérité de son âme; elle est accompagnée d'un génie qui lui soutient le bras pour signifier qu'elle est inséparable de l'Innocence et de la Vérité.

Et, pour conclure et terminer ces allégories, j'ai exprimé la suite de l'Abondance par des amours ou génies, représentés dans deux montants qui font deux bandes aux deux côtés de la porte de la chambre.

Ces génies sont une décoration de festons de fleurs qui conviennent à la beauté et à la magnificence du lieu.

Je n'ai point envoyé de dessin du crucifix, parce que c'est une figure qui doit se peindre après le naturel; je me flatte que vous aurés confiance à ma probité sur cet ouvrage comme pour les autres.

Je vous envoye deux modèles de la manière que les panneaux doivent être peints, qui seront tous différents les uns des autres, tant sur la cheminée qu'aux autres endroits que j'ai disposés; ils seront faits par les plus habiles hommes qu'il y ait en France, et je mesleray dans lesdits panneaux des figures qui auront rapport aux ouvrages du plafond, et je vous supplie de considérer la diférance de ces ornemens à ceux de votre grande chambre. Les armes de France seront d'un côté et les armes de Bretagne de l'autre. A l'égard de l'or qui est sur les modèls, il ne devient jamais beau sur le papier. Il sera incomparablement plus beau sur lesdits ouvrages.

M. J'aurais pu m'étendre davantage pour vous marquer sur chaque figure en particulier toutes leurs qualités, de la manière dont elles sont marquées dans les médailles antiques et dans les anciens auteurs qui m'ont donné des lumières de ces figures allégoriques.

Quand je ferai ces ouvrages, je vous demande la liberté de changer ce que je jugerai à propos pour l'embelissement et la perfection de l'ouvrage.

Je m'attacherai très-particulièrement à vous donner de beaux airs de têtes où j'exprimerai le plus noblement qu'il me sera possible les passions de toutes ces figures allégoriques et je n'épargnerai rien pour vous contenter et pour vous marquer que je suis avec un profond respect,

Messeigneurs,

Votre très-humble et très-obéissant serviteur,

JOUVENET.

A Paris, ce mercredy, 8ᵉ décembre 1694.


Cette lettre, où les pensées ingénieuses qui ont guidé l'artiste se trouvent si clairement et si simplement expliquées par l'écrivain, nous fait comprendre comment la figure de la Piété, remise en sa place sur notre planche, surmonte la porte qu'accompagnent ces deux panneaux où une foule d'enfants s'agitent au milieu des fleurs, représentant l'Abondance qui naît de la Justice appuyée sur la Piété.

Dans la décoration de cette salle quelques mutilations puériles ont eu lieu. En 1830, on remplaça par une imitation de marbre vert le semis de France et Bretagne qui séparait les moulures des plafonds, et l'on remplaça par la même imitation de marbre les peintures de la frise que notre gravure rétablit, mais sans les fleurs de lis, et les mouchetures d'hermine qui terminaient chaque rinceau. La peinture ancienne qui occupait le médaillon circulaire du trumeau est enlevée, et l'aigle qui surmonte ce médaillon appartient au dix-septième siècle.

Le Christ dont parle Jouvenet est encore absent du trumeau de la cheminée que François Gillet a sculptée avec un si grand goût, mais il doit bientôt reprendre sa place.

Il est fâcheux qu'en traitant la question des panneaux d'arabesques qu'il avait commandés aux meilleurs artistes de son temps, J. Jouvenet n'ait point mentionné dans sa lettre le nom des auteurs de ces décorations d'un si charmant effet, car toute cette pièce est l'un des plus beaux spécimens de l'art de la décoration à l'extrême fin du dix-septième siècle. Une autre salle, dans ce même Palais du Parlement de Bretagne, décorée par Ferdinand en 1706, exécutée dans un style tout différent, forme un jalon de plus pour l'histoire de l'art à une époque où il opère une des plus grandes évolutions qu'il ait subies.

# GRANDE CHEMINÉE

HOTEL DE VILLE DE LYON

---

DEUX PLANCHES, DONT UNE DOUBLE

---

L'hôtel de ville de Lyon, commencé en 1646, et inauguré en 1655, comme nous l'avons dit plus haut [1], fut ravagé par un terrible incendie en 1674. La grande salle, qui était placée au premier étage du corps de logis édifié sur la place des Terreaux, fut entièrement détruite avec les combles des deux pavillons adjacents. Dans l'un de ces pavillons et communiquant avec la grande salle, était la salle du Consulat, garnie de la cheminée en pierre que nous avons étudiée plus haut et qui fut préservée; dans l'autre se trouvait la salle de Henri IV, décorée de peintures de T. Blanchet qui subsistent encore, mais très-restaurées.

Ce furent T. Blanchet puis Jules Hardouin Mansard à qui l'on confia la restauration de l'hôtel de ville, dont l'ordonnance extérieure fut profondément modifiée. La grande cheminée qui nous occupe garnit l'une des salles de l'aile du nord, en arrière de la salle Henri IV. Elle appartient, à la seconde période de l'art sous Louis XIV; à celle que créa Ch. Le Brun à Versailles, et qui nous donne une si avantageuse idée du faste déployé à la cour du grand roi. Qu'on la compare, en effet, aux nombreuses compositions de J. Lepautre, qui sont contemporaines, et même antérieures, et l'on croira voir la réalisation de l'une de ces dernières.

[1] Page 74.

Le chambranle se compose de tout un entablement dorique que surmonte un fronton brisé en volutes. Sur la console qui sert d'acrotère est placé un buste. Deux figures sont assises sur les rampans des volutes. L'une est la Prudence. reconnaissable au miroir où elle se regarde et au serpent qu'elle étreint. L'autre est celle d'un vieillard, personnifiant nous ne savons laquelle des vertus nécessaires aux magistrats municipaux qui s'assemblaient en face de ce monument. Au-dessus, deux pilastres cannelés, de style ionique, supportent encore un autre entablement et circonscrivent ainsi un large trumeau au centre duquel se profile le cadre octogone d'un tableau. Une tête de lion, qui interrompt la frise, porte deux guirlandes de feuillage que relèvent et soutiennent quatre enfants qui occupent deux à deux l'intervalle entre le cadre et les pilastres. D'autres guirlandes relient les volutes terminales du fronton courbe et brisé qui surmonte le chambranle : « Ce ne sont que festons, ce ne sont qu'astragales, » comme dit le poëte contemporain de cette ornementation exhubérante. Mais cet ensemble possède la grandeur en outre de la richesse, et, nous ne savons quelle sévérité majestueuse qui en fait un magnifique exemple de l'ornementation municipale au dix-septième siècle.

# BIBLIOTHÈQUE DE L'HOPITAL GÉNÉRAL

## A REIMS

---

QUATRE PLANCHES

---

Il y a un tel contraste entre le caractère de pesanteur imprimé à l'ensemble des boiseries de l'ancien couvent des jésuites de Reims, maintenant hôpital général de la ville, et la fantaisie des ornements sculptés dans la voussure du plafond qui en fait partie, qu'en l'absence de documents nous avons longtemps hésité sur l'époque du dix-septième siècle à laquelle il faut attribuer cet ensemble. Fallait-il se rapprocher des temps de la régence d'Anne d'Autriche, ou bien descendre jusqu'à la maturité de Louis XIV, et mettre sur le compte du goût arriéré de quelque architecte provincial ce que l'on reconnaissait de lourd et d'archaïque dans ces menuiseries ? Nos hésitations étaient naturelles, car elles ont été partagées par M. Charles Loriquet, bibliothécaire et archiviste de la ville de Reims, auquel nous nous étions adressé pour avoir quelque date. La lettre du savant auteur d'un *Essai sur l'éclairage chez les Romains* et de la *Description de la mosaïque de Reims* dévoile les mêmes incertitudes que la vue des gravures seules nous avait suggérées. Mais comme elle nous donne les renseignements positifs que nous avions espérés, nous ne saurions mieux faire que de la publier. Elle sera le témoignage d'un homme ayant étudié avec soin les lieux qui nous occupent.

13

« En 1608, François Brulart, fils du chancelier et abbé de la Valroy, fit don
« aux jésuites, récemment établis à Reims, de l'hôtel de Cerny qu'il venait d'ac-
« quérir. C'est sur l'emplacement de cet hôtel que fut bâti leur collége. Les
« divers bâtiments qui le composent furent élevés à des époques assez éloignées
« l'une de l'autre, comme le prouvent les dates qu'on y peut lire. Dans le tym-
« pan d'une fenêtre de la chapelle proche du bâtiment qui sert d'entrée sur la
« place et qui paraît avoir été construit le premier, on lit la date 1619. La sa-
« cristie de l'église Saint-Maurice, prieuré appartenant alors aux jésuites, porte
« extérieurement la date 1627. La bibliothèque porte sa date aussi, inscrite en
« relief sur une tablette placée au-dessous de l'appui d'une fenêtre, ou lucarne.
« Cette date, qui est 1678, ne m'avait pas donné à réfléchir d'abord. Mais au
« moment de vous répondre j'avais peine à en croire le témoignage de mes yeux.
« N'était-ce pas la date d'une restauration ?

« Une seconde visite me démontra que je ne m'étais pas trompé sur les chif-
« fres et m'a fait remarquer entre le bâtiment de la bibliothèque et les autres
« de notables différences. Les lucarnes en particulier montrent plus d'am-
« pleur ; elles sont plus ornées et plus prétentieuses. C'est bien du dix - sep-
« tième siècle avancé, plus le caractère indécis et minutieux des compositions
« jésuitiques. La fenêtre qui porte la date est parfaitement semblable aux au-
« tres, la tablette datée est de la construction même. D'ailleurs, indépendam-
« ment des différences de style entre ce bâtiment et les autres on reconnaît à
« d'autres indices que celui-ci n'est pas de même époque.

« Le chiffre F. B. du fondateur ou du bienfaiteur qui alterne dans les tym-
« pans des anciennes constructions avec le monogramme I H S de l'ordre, ne se
« voit plus aux fenêtres de la bibliothèque. Dans les sculptures de l'intérieur
« lui-même on trouve bien encore l'initiale B de Brulart, mais l'abbé de la
« Valroy n'est plus, c'est un autre membre de la famille ou plutôt la famille
« entière qui lui a succédé dans la protection à accorder aux jésuites de Reims.

« Avant d'avoir lu cette date de 1678 j'aurais volontiers, je vous l'avoue,
« reporté l'époque des boiseries de la bibliothèque plus près des commence-
« ments de la construction du collége. Réflexion faite, elles n'y contredisent
« pas. »

Nous n'avons rien à ajouter à cette lettre si concluante de M. Ch. Loriquet.
C'est un peu postérieurement à l'année 1678 que furent menuisées ces boiseries, qui donnent un caractère si grave à la bibliothèque des jésuites de Reims.

Le bois de couleur naturelle revêt les murs, les plafonds et l'ébrasement des fenêtres en lucarne. La forme inusitée de la voussure, bombée en dedans, s'explique par la pente du toit, et ces lacets terminés par des têtes d'anges qui, reposant sur la corniche, vont soutenir les poutres du plafond ont leur emploi parfaitement justifié.

. Cette œuvre est évidemment celle de quelque vieil artiste que les nouveautés de Ch. Le Brun et de son école n'ont point touché. Il suit encore les traditions de sa jeunesse, mais, seul et sans guide dans des temps nouveaux, il montre sa sénilité par des ornements qu'il voudrait bien faire abondants comme ceux qu'il sait être à la mode au moment où il travaille. Il ne réussit qu'à les faire lourds et bizarres.

# SALON

# DANS L'HOTEL DIT D'ORMESSON

———

QUATRE PLANCHES

———

Au numéro 23 de la rue du Val-Sainte-Catherine, au fond d'une cour que
précède une façade moderne très-mesquine, s'élève un haut bâtiment en pierre,
composé d'un pavillon central et de deux demi-pavillons.

Le pavillon central est orné de grands pilastres qui montent à travers deux
étages, et couronné par un fronton circulaire. Chacun des demi-pavillons reproduit la moitié du pavillon central que l'on aurait coupé par l'axe. Aucune
sculpture, aucun ornement ne viennent décorer cette façade ambitieuse. C'est
par le premier étage de ce bâtiment que l'on pénètre dans le délicieux petit salon
que nous publions et qui est placé dans une aile basse en retour, construite en
plâtre et moellon.

Ces boiseries ont-elles toujours occupé la place où on les voit aujourd'hui ?
Y ont-elles été transportées de l'un des appartements du corps de logis principal
lors des remaniements que celui-ci a subis ? Nous ne saurions le dire. En tous
cas elles s'ajustent à merveille dans cette pièce qui a été disposée pour elles.
Mais elles semblent tellement anormales au lieu où elles sont, que, dans tous les
baux consentis à tous les locataires qui s'y sont succédé, le propriétaire s'est
réservé le droit de les enlever sous la condition de les remplacer par du papier
peint.

Le nom d'hôtel d'Ormesson que l'on donne aujourd'hui à l'ancienne demeure où est placé ce salon nous a longtemps égaré dans nos recherches sur l'époque où il aurait été bâti. Le seul hôtel d'Ormesson que citent les historiens de Paris est l'ancien hôtel de Mayenne, construit par Androuet du Cerceau pour Ch. de Lorraine, duc de Mayenne. Il fut restauré en 1709 par Boffrand, pour Charles-Henri de Lorraine, prince de Vaudemont. Ce fut seulement en 1765 que les d'Ormesson l'acquirent. Le chiffre C. V., peint sur le panneau qui surmonte le chambranle de la cheminée, pouvait se rapporter à Charles de Vaudemont, si la décoration semblait plus ancienne que le style de Boffrand. Mais l'hôtel de Mayenne, ensuite d'Ormesson, s'élevait au coin de la rue Saint-Antoine et de la rue du Petit-Musc. Il ne faut donc point le chercher dans la rue du Val-Sainte-Catherine, jadis rue de l'Egout.

Enfin M. Herman, propriétaire actuel de la maison dont nous cherchions l'acte de notoriété, nous ayant permis de consulter ses titres, nous avons trouvé que celle-ci fut vendue en 1755 par plusieurs possesseurs par indivis parmi lesquels était une demoiselle de Courson, veuve de M. de Villacerf.

Enfin le livre des *Curiositez de Paris*, publié en 1742 par l'anonyme M. L. R., signale dans la rue de l'Egout l'hôtel de Villacerf, « où il y a eu des changements depuis. » Ainsi il faut restituer le nom d'hôtel Villacerf à cette maison à laquelle le nom d'hôtel d'Ormesson n'a été ajouté que dans les titres les plus récents pour une cause que nous ignorons.

Le Villacerf cité dans le titre de 1755 est un des derniers rejetons d'une branche de la famille Colbert. Le plus connu d'entre eux succéda à Louvois, en 1791, dans l'intendance générale des bâtiments, qu'il quitta en 1699, année où il mourut dans un âge fort avancé. Le chiffre C. V. signifie probablement Colbert-Villacerf. Mais il nous est impossible de trouver, ni dans les documents fort peu précis que l'armorial de la noblesse donne sur l'intendant des bâtiments, ni dans les mentions fort confuses que Saint-Simon crayonne sur plusieurs personnages du même nom, aucune date qui puisse préciser la construction de l'hôtel ou même du salon qui nous intéresse. Ce petit salon, qui a été relégué dans la place qu'il occupe sans doute lors du remaniement dont parle l'auteur des *Curiositez de Paris*, appartient, suivant nous, à une époque intermédiaire entre celle de Lepautre et celle de Bérain, vers l'année 1680. Nous y voyons les Amours et les guirlandes en relief que l'on retrouve dans toutes les compositions de Lepautre, et les « sphinges, » comme on disait alors, que Bérain affectionne tant, et qu'il coiffe si agréablement d'un plumet sur l'oreille.

Quant au beau portrait du cardinal de Mazarin qui est encastré dans le cadre rond du trumeau de la cheminée, il nous semble ajouté après coup, car il est entouré d'une baguette rapportée pour cacher les bords de la toile.

Outre les quelques sculptures qui décorent ce trumeau et celles des moulures d'encadrement des boiseries, sculptures qui sont dorées en plein, toute la décoration est peinte. Tous les panneaux sont à fond blanc décorés d'arabesques de couleurs éteintes où le bleu, le rouge, le jaune, le brun et le tanné dominent avec l'or. Elles sont exécutées avec une grande liberté et beaucoup de talent.

Les longs cartouches de la voussure sont à fond couleur de ciel. Des oiseaux y voltigent en arrière de grands vases qui montrent encore toute l'élégance de la Renaissance.

Le plafond représente Apollon et Cérès accompagnés de deux divinités, l'une semant des fleurs, l'autre couronnant Apollon. C'est une peinture plus décorative que remarquable, exécutée dans des tons légers, et qui s'harmonise à merveille avec toute l'ensemble des lambris.

En somme ce petit salon de l'hôtel de Villacerf est un des plus charmants spécimens de l'art décoratif de la fin du dix-septième siècle.

# LAMBRIS AU CHATEAU DE BERCY

QUATRE PLANCHES

Qui n'a pas regretté que le charmant conte de *la Belle au bois dormant* ne fût qu'une fiction, et qu'un passé depuis longtemps endormi ne pût se réveiller lorsqu'il parcourait une de ces demeures qui ont gardé du temps jadis des vestiges assez nombreux pour qu'il lui prît le désir de l'évoquer, et le regret de ne pouvoir le faire ?

Ce qu'on désire alors, c'est le réveil de toute cette société contemporaine des murs qui vous abritent, des lambris et des meubles qui les garnissent. Aussi, comme on eût voulu posséder la baguette de la fée du Réveil lorsque, pendant l'été de l'année 1860, il fut donné au public de pénétrer dans le château de Bercy qu'on allait mettre en vente et démolir. Pour cette demeure fermée et abandonnée depuis une centaine d'années, le temps n'avait point marché, même dès avant le jour où la clef a tourné pour la dernière fois la serrure de sa porte d'entrée, et c'était en plein dix-septième siècle que l'on se trouvait en parcourant ses grands appartements. Les lits, les bronzes, les tentures et les petits meubles seuls avaient disparu ; mais les tables en bois sculpté et doré, les fauteuils, les canapés, les guéridons, les écrans, tout existait encore avec ses formes majestueuses.

Aussi comme Jules Janin, ce maître en l'art de bien dire, s'était plu à réveiller d'un coup de sa plume magique le monde disparu qui habitait autrefois « cette « ruine étrange et splendide où le haillon est une histoire et le débris un « témoignage, où la misère est vraiment une misère royale, et le fragment un « souvenir irrécusable. On s'étonne, on s'apitoie, on admire, on se lamente, on « s'interroge. Est-ce un rêve ? est-ce la vérité, ce néant si rare, si vrai, si

14

« curieux ? Que deviendront ces restes magnifiques, ces vestiges grandioses, ces
« majestés du bois sculpté, du marbre taillé, de la pierre où l'artiste a tracé
« en caractères qu'il croyait impérissables les métamorphoses que le peintre
« était impuissant à reproduire ? Ainsi on rêve ! Enfin rien n'est plus solennel,
« plus incroyable et plus curieux que ce pèlerinage au château de Bercy. Deux
« semaines encore, et puis tout disparaîtra pour ne plus revenir : pierres,
« balcons, façades, consoles, marbres, dalles sonores, tentures, meubles,
« tableaux, le salon de la causerie et le salon de l'étiquette, la salle des bains
« et la salle de bal, la coulisse et l'autel, le théâtre et la chapelle, et le cercueil
« enfoui sous ces marbres ! C'en est fait; dans un mois d'ici, ce dernier grand
« siècle aura dit son dernier mot ! L'écho même aura disparu, qui gardait
« l'accent des anciens poëmes, des vieux cantiques, des oraisons funèbres, des
« sermons et des chansons du temps passé [1]. »

   Avant de démolir ce château, dont les pierres effritées, les corniches ébréchées,
les perrons disjoints, les vitres en éclats et les boiseries disloquées, présentaient
le plus triste contraste avec les souvenirs que ces magnificences en ruine évo-
quaient, on avait appelé les amateurs de vieilleries à l'enchère de ce que l'intérieur
possédait encore. C'étaient des trophées en pierre sculptés dans les panneaux
du vestibule; les plombs des lavabos qui précédaient la salle à manger, plombs
représentant des mascarons crachant l'eau de leur bouche depuis longtemps
desséchée dans des vasques de marbre, au milieu de toutes sortes de guirlandes
et de coquilles; c'étaient les tableaux de Carrey, élève de Le Brun, représentant
l'ambassade de M. le marquis de Nointel à Constantinople et à Jérusalem, en 1670,
incrustés dans les boiseries du salon central; c'étaient ceux de quelque élève
de Lafosse, représentant l'histoire de Psyché, dans les trumeaux d'un grand
salon, puis ceux de Desportes, dans les pièces du premier étage.

   C'étaient encore des tables en bois sculpté, recouvertes de marbres précieux
et solides, des guéridons, des consoles à pieds de biche, et de ces immenses
fauteuils destinés à contenir à l'aise les perruques du grand siècle.

   Mais ce qui attirait surtout l'admiration, c'étaient les boiseries. Il y avait au
rez-de-chaussée deux grands salons restés intacts qui étaient des merveilles.
Depuis la bordure des tableaux qui y étaient encastrés jusqu'aux moindres
détails, tout était menuisé, taillé, ciselé, contourné avec ce grand goût dont

---

[1] Jules Janin, *Journal des Débats* (juillet 1860).

Bérain donna le modèle. Puis, lorsque l'on croyait avoir épuisé l'admiration, on était forcé de la renouveler dans le grand salon du premier étage et dans deux petits salons-bibliothèques retirés dans une aile. Boiseries, montures de glace, corps de bibliothèques, armoires, ventaux de portes, tout y était de la même main, précieuse et habile, capricieuse et élégante, s'abandonnant à la fantaisie, et sobre cependant.

Nous publions la boiserie du grand salon du premier étage, qui fut adjugée 17,500 francs à M. le général Le Pic, pour le compte de S. M. l'Impératrice, croyons-nous. Un des tableaux de Desportes qui y étaient encastrés, portant la date 1713, au-dessous de la signature du maître, permet de dater approximativement ces boiseries. Elles appartiennent à la restauration que Leveau fit, dès le commencement du dix-huitième siècle, au château qui avait été construit par F. Mansart, dans la première moitié du siècle précédent, pour M. Malon, de Bercy. La lettre M se voyait encore forgée dans le balcon des fenêtres, et les armes de la famille étaient incrustées sur une des tables du salon central. La présence dans ce salon des grandes toiles de Carrey représentant les différents épisodes de l'ambassade de M. de Nointel en Orient, avait fait croire que ce château avait appartenu à ce personnage; mais il paraîtrait qu'il n'en est rien [1], et que ce sont les Malon qui ont transmis directement cette propriété aux Nicolaï, ses derniers possesseurs. Mais la présence de ces vues d'Orient, qui ne peuvent avoir été exécutées avant l'an 1670, et qui certainement n'ont été encadrées dans les bordures faites pour elles que bien longtemps après [2], nous sert d'indice pour dater approximativement les boiseries qui nous occupent. Il y avait certainement une grande différence de style entre les ornements du grand salon central et ceux des pièces du premier étage, les seconds étant plus travaillés et plus compliqués de forme et plus maigres que les premiers. On peut donc certainement en placer l'exécution dans les premières années du dix-huitième siècle. C'est le commencement de la décadence, mais les lignes sont encore fermes et les masses balancées. L'art s'élance dans des voies nouvelles, mais par la tradition il se rattache cependant encore aux grands exemples du siècle précédent.

[1] L. Roussel, les Beaux-Arts, revue bimensuelle (numéros des 15 juillet, 1er août et 1er septembre 1860).

[2] Les peintures exécutées par Carrey, qui avait accompagné M. de Nointel dans son ambassade, auraient été placées d'abord dans son château de Nointel, entre Beaumont et l'Isle-Adam.

# TABLE DES MATIÈRES

ET

## CLASSEMENT DES PLANCHES

INTRODUCTION. . . . . . . . . . . . . . . . . . . . . . . . . . . . . .   1

## Époque de Louis XII.

Cheminée de l'Hôtel d'Alluye, à Blois. 1508 . . . . . . . . . . . . . . .   3

. PL. I.          — Élévation de face et de profil.

## Époque de François Ier.

Boiserie d'une chapelle (Eglise Saint-Vincent de Rouen), vers 1515 . . . .   7

. PL. II.         — Ensemble de la boiserie.
. PL. III.        — Détails et profils.

Plafond de la librairie de la Reine (château de Chenonceau). 1515 à 1523.   11

. PL. IV.         — Ensemble du plafond.

Plafond en bois d'une maison de Rouen. Postérieur à 1515. . . . . . . .   13

. PL. V.          — Ensemble du plafond.

110     TABLE DES MATIÈRES ET CLASSEMENT DES PLANCHES.

Porte de l'Église d'Ainay, à Lyon. Postérieure à 1515. . . . . . . . . . .   15

.   PL. VI.        — Ensemble, coupes et profils.

Chambre à coucher de la duchesse d'Étampes (palais de Fontainebleau).
1533 à 1550. . . . . . . . . . . . . . . . . . . . . . . . . . .   17

.   PL. VII et VIII. — Ornement en stuc et boiseries.

Tombeau de Loys de Breszé (cathédrale de Rouen). 1535 à 1544 . . . .   19

.   PL. IX et X.      — Élévation du tombeau.
.   PL. XI.          — Coupe en travers, plan et profils divers.
    PL. XII.         — Détails et profils.

## Époque de Henri II.

Maison d'Étienne Duval, à Caen. 1549 à 1578 . . . . . . . . . . . . . .   25

.   PL. XIII.        — Élévation de la façade.
.   PL. XIV.         — Coupe en travers.
    PL. XV.          — Plan ; détails de la lucarne.
.   PL. XVI.         — Détails de la tourelle de l'escalier.

Château d'Anet. 1552. . . . . . . . . . . . . . . . . . . . . . . . .   27

.   PL. XVII.        — Plan général du château.
.   PL. XVIII et XIX. — Élévation générale de l'entrée.
.   PL. XX.          — Détails de l'entrée.
.   PL. XXI.         — Souche d'une cheminée de l'entrée.
. . . PL. XXII.      — Souche d'une cheminée du château.
.   PL. XXIII.       — Balustrades et gargouilles.
.   PL. XXIV.        — Cul-de-lampe, détails et profils.
.   PL. XXV.         — Fontaine de Diane.
. . . PL. XXVI.      — Tribune de la chapelle.
.   PL. XXVII.       — Portes de la chapelle.

Portail latéral de l'Église Sainte-Clotilde aux Andelys. Vers 1550. . . . .    33

    PL. XXVIII et XXIX. — Élévation générale.
    PL. XXX.      — Plans et coupe verticale.
    PL. XXXI.     — Détails.
    PL. XXXII.    — Grandes cariatides.
    PL. XXXIII.   — Bénitier.


Salle du château de Beauregard. 1545-1559. . . . . . . . . . . . . . .    37

    PL. XXXIV.    — Boiserie d'une petite salle.
    PL. XXXV.     — Plafond de la même salle.


## Époque des derniers Valois.


Château du Pailly. 1563. . . . . . . . . . . . . . . . . . . . . . . .    39

    PL. XXXVI.    — Entrée de l'escalier; élévation.
    PL. XXXVII.   — Grandes consoles de la façade.


Château d'Ancy-le-Franc. 1545 à 1569. . . . . . . . . . . . . . . . . .    41

    PL. XXXVIII. — Chambre du Cardinal. Lambris et peintures.
    PL. XXXIX.    —     —         Plafond.
    PL. XL.       —     —     — Détails et coupes.
    PL. XLI.      — Chambre du *Pastor fido*. Plafond.
    PL. XLII.     — Chambre des Fleurs. Plafond.


Château d'Écouen. 1542 à 1547 et 1578 . . . . . . . . . . . . . . . .    45

    PL. XLIII et XLIV. — Cheminée de la salle Napoléon. Élévation.
    PL. XLV.      — Profils de la cheminée.
    PL. XLVI.     — Serrurerie.
    PL. XLVII.    — Porte.

## Époque de Louis XIII.

Hôtel de Vogué, à Dijon. 1614. . . . . . . . . . . . . . . . . . . . . . .    51

    . . PL. XLVIII.    — Porte d'entrée.
    . PL. XLIX.    — Plafond du portique d'entrée.
    . . PL. L.    — Cheminée.

Porte de maison, vers 1630.    55

    . PL. LI.    — Porte d'une maison à Lyon.

Galerie du château de Beauregard. 1628 à 1638. . . . . . . . . . . . . .    57

    PL. LII.    — Lambris de la galerie.

Plafond à la Bibliothèque impériale. 1633 à 1640 . . . . . . . . . . . .    59

    . PL. LIII.    — Plafond de l'ancien hôtel Tubeuf, puis Mazarin.

Salon dans l'Hôtel de Sully. Vers 1639. . . . . . . . . . . . . . . . . . . . .    61

    . PL. LIV.    — Lambris.

Presbytère de Saint-Nicolas du Chardonnet. Vers 1640 . . . . . . . . . .    63

    . . . PL. LV.    — Alcôve de la chambre à coucher.

Château de Cheverny. 1640 à 1650 . . . . . . . . . . . . . . . . . . . .    65

    . PL. LVI.    — Portes dans la salle des Gardes.
    . PL. LVII.    — Détails de différents ornements peints.
    . PL. LVIII.    — Cheminée de la chambre à coucher du roi.

Cabinet dit de Sully, à l'Arsenal. 1637 à 1664 . . . . . . . . . . . . . .    69

    . PL. LIX.    — Élévation d'un des lambris.
    . PL. LX.    — Plafond et détails.

## Époque de Louis XIV.

Cheminée à l'Hôtel de ville de Lyon. 1646 à 1655. . . . . . . . . . . . .    71

    . PL. LXI.    — Élévation de la cheminée.
    . PL. LXII.    — Détails.

Chambre à coucher dite de Henri IV, au Louvre. 1650 . . . . . . . . . . . 73

    PL. LXIII.    — Plafond de l'alcôve, coupe et plan.

Salon d'Anne d'Autriche, à Fontainebleau. 1653 . . . . . . . . . . . . . 75

    PL. LXIV.    — Porte du salon.
    PL. LXV.    — Profils et détails des peintures.
    PL. LXVI.    — Fragment du plafond.
    PL. LXVII.    — Détails du plafond.

Porte du Château de Maisons. 1648 à 1658 . . . . . . . . . . . . . . . 77

    PL. LXVIII.    — Détails d'une porte et de corniches intérieures.

Voussure à la Bibliothèque impériale. 1648-1660 . . . . . . . . . . . . 79

    PL. LXIX.    — Voussure d'une salle du palais Mazarin.

Appartements de l'Hôtel Lauzun. 1657 à 1661 . . . . . . . . . . . . . 81

    PL. LXX et LXXI. — Chambre de parade. Côté de la cheminée.
    PL. LXXII.    —    —    —    Détails.
    PL. LXXIII.    — Chambre à coucher. Côté de l'alcôve.
    PL. LXXIV.    —    —    —    Côté de la cheminée.
    PL. LXXV.    —    —    —    Un des côtés.
    PL. LXXVI.    —    —    —    Profils et détails.
    PL. LXXVII.    — Cabinet. Côté de la cheminée.
    PL. LXXVIII.    —    —    Côté de la fenêtre.
    PL. LXXIX.    —    —    Détails.

Palais de justice de Rennes. 1666 à 1694 . . . . . . . . . . . . . . . . . 87

    PL. LXXX.    — Salle de la Grand'Chambre. Porte.
    PL. LXXXI.    — Deuxième chambre d'audience. Porte.
    PL. LXXXII.    — Première chambre d'audience. Porte.
    PL. LXXXIII.    —    —    —    Cheminée.
    PL. LXXXIV.    —    —    —    Détails de la cheminée.
    PL. LXXXV.    —    —    —    Partie du plafond.

Grande cheminée à l'Hôtel de ville de Lyon. 1674. . . . . . . . . . . . . .   95

   PL. LXXXVI et LXXXVII. — Élévation de la cheminée.
   PL. LXXXVIII. — Détails.

Bibliothèque de l'Hôpital général de Reims. 1678. . . . . . . . . . . . .   97

   PL. LXXXIX.   — Plan général et détails.
   PL. XC.   — Élévation d'une travée.
   PL. XCI.   — Élévation d'une des extrémités.
   PL. XCII.   — Travée du plafond.

Salon dans l'Hôtel dit d'Ormesson. Vers 1680. . . . . . . . . . . . . .   101

   PL. XCIII.   — Élévation du côté de la cheminée.
   PL. XCIV.   — Élévation du côté de l'entrée.
   PL. XCV.   — Détails des peintures et des boiseries.
   PL. XCVI.   — Profils des boiseries.

Lambris au Château de Bercy. Vers 1700. . . . . . . . . . . . . .   105

   PL. XCVII.   — Salon du premier étage. Côté de la porte.
   PL. XCVIII.   —   —   — Côté de la cheminée.
   PL. XCIX.   —   —   — Détails et profils.
   PL. C.   — Dessus de glace.

FIN DE LA TABLE.

---

ERRATA

Page 43, ligne 5 de la note ², *au lieu de* : nièce, *lisez* : sœur.
Page 97, ligne 2, *au lieu de* : couvent, *lisez* : collége.
Page 98, lignes 1ʳᵉ et 27, *au lieu de* : abbé de la Valroy, *lisez* : abbé de la Val-Roy.

Paris. — Typographie Renouard, rue du Boulevard, 7.

TEXTE
PAR
A. DARCEL

L'ART
ARCHITECTURAL
EN
FRANCE
depuis FRANÇOIS Ier
jusqu'à LOUIS XIV.
PAR
EUGÈNE ROUYER
ARCHITECTE

Publié
PAR
A. MOREL
PARIS
1863

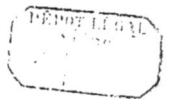

ΜΕΝΗΚΕΟΤΗΣ
ΚΟΙΝΗΕΤΥΧΗΣ

FACE LATÉRALE

HÔTEL D'ALLUYE À BLOIS

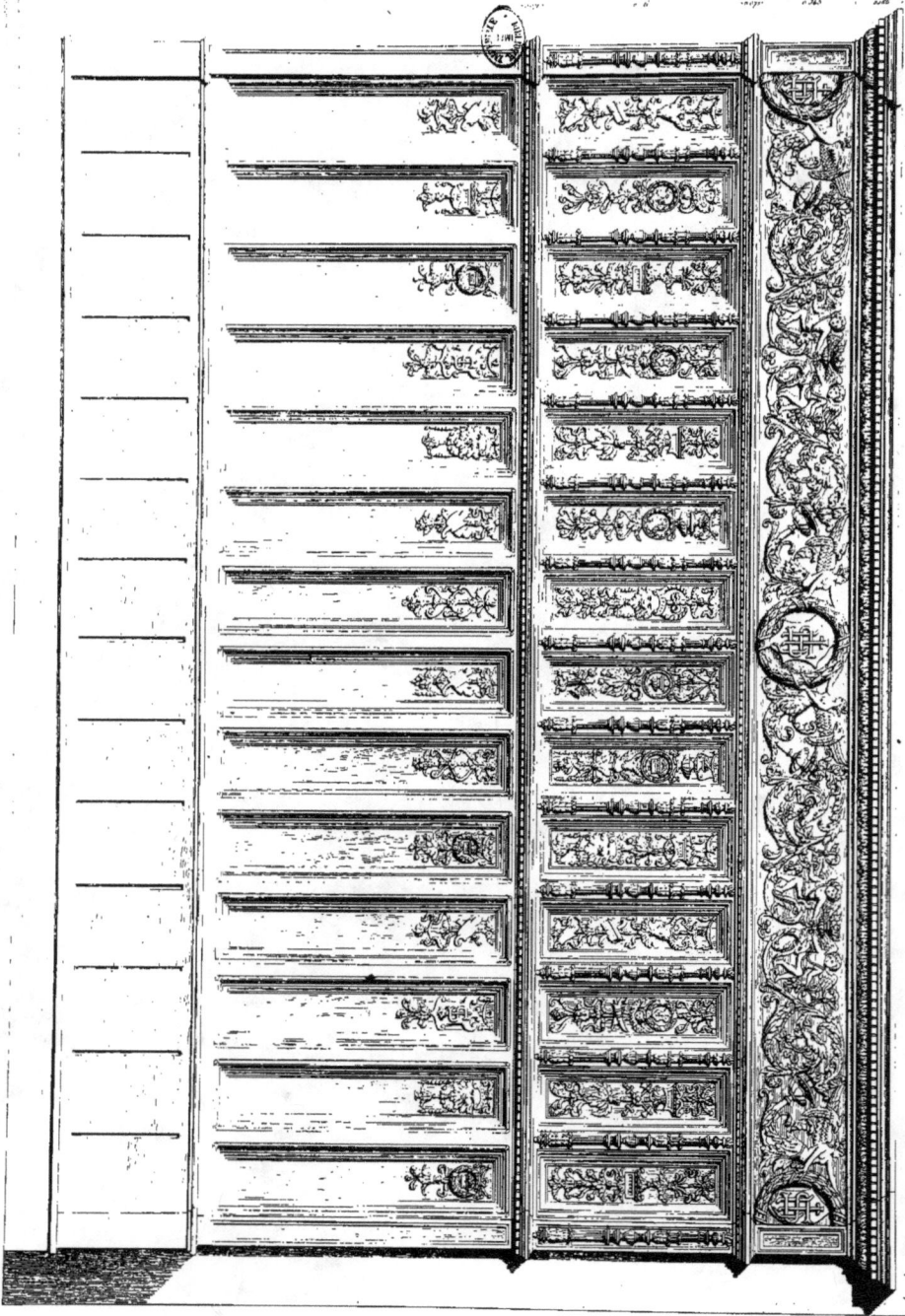

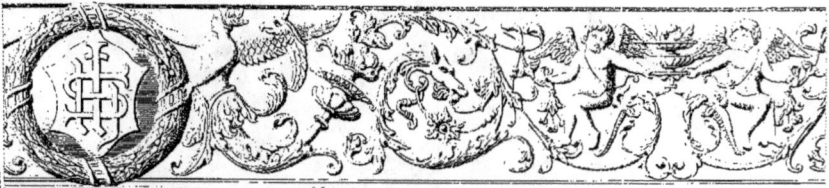

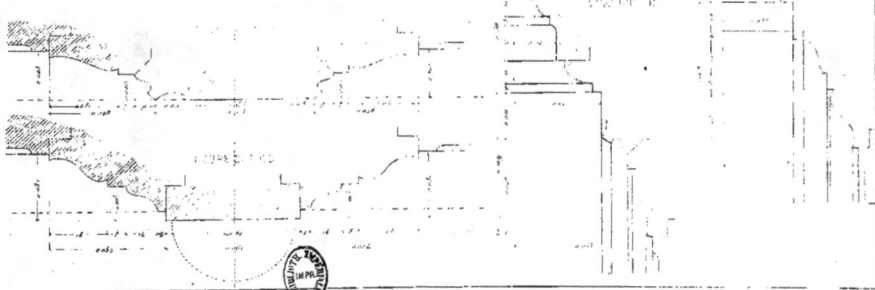

ÉGLISE St VINCENT A ROUEN

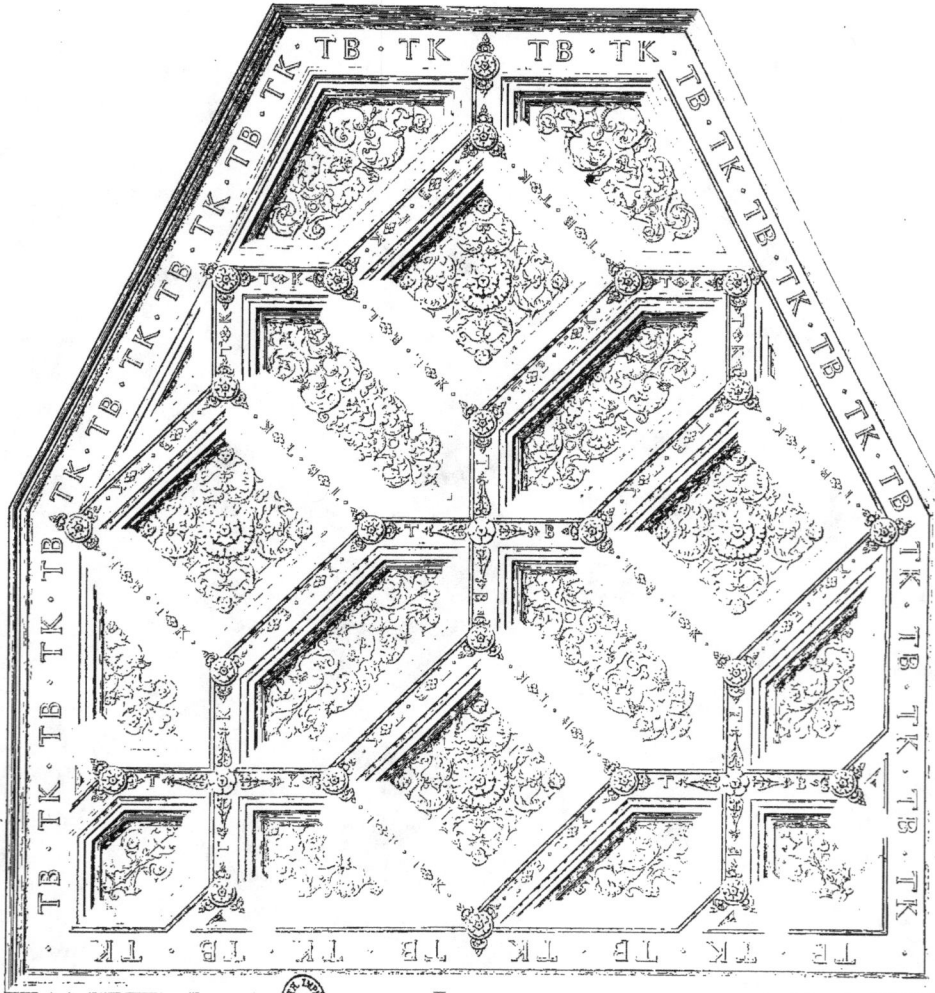

CHÂTEAU DE CHENONCEAUX

PLAFOND DE LA LIBRAIRIE DE LA REINE.

A. Bouger Arch. del.                                                          J. Chaspoux sc.

A. MOREL ÉDITEUR

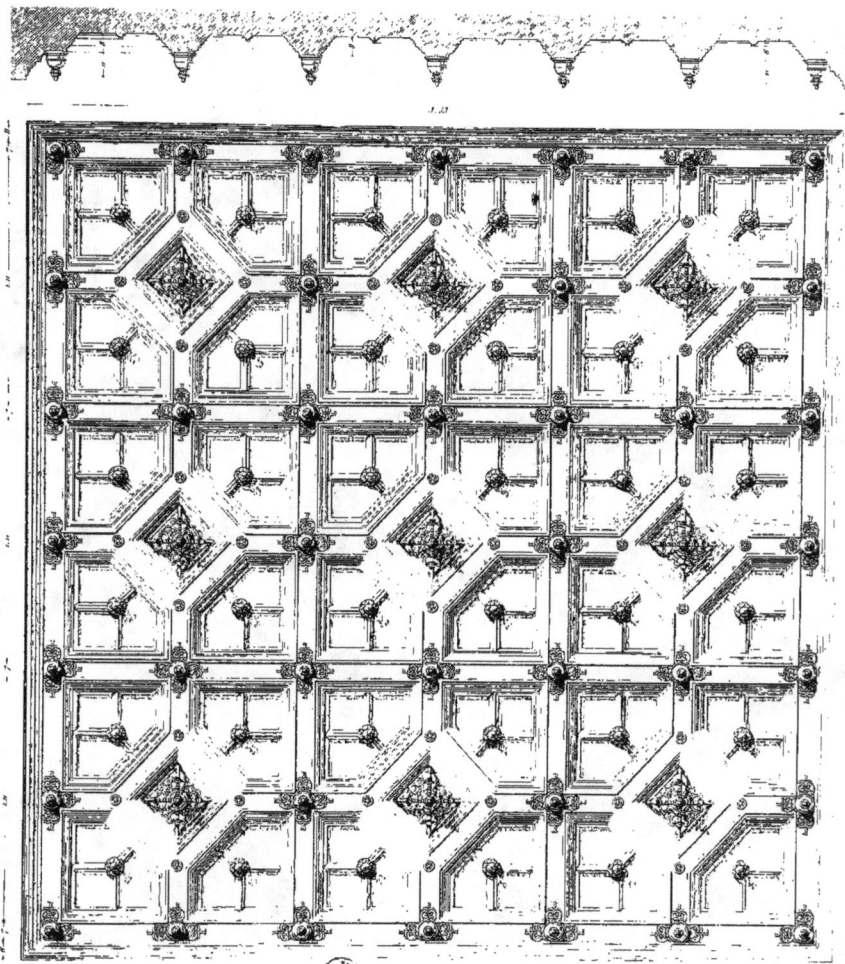

E. Ronger, Arch. del.

EGLISE D'AICHAY A LYON

PORTE

PARIS A. MOREL, ÉDITEUR

L'ART ARCHITECTURAL EN FRANCE

ÉPOQUE DE FRANÇOIS 1ᴱᴿ

ÉPOQUE DE HENRI II

In vitale tabernaculum ejus

TOMBEAU DE LOYS DE BRÉZÉ

DANS L'ÉGLISE CATHÉDRALE DE ROUEN

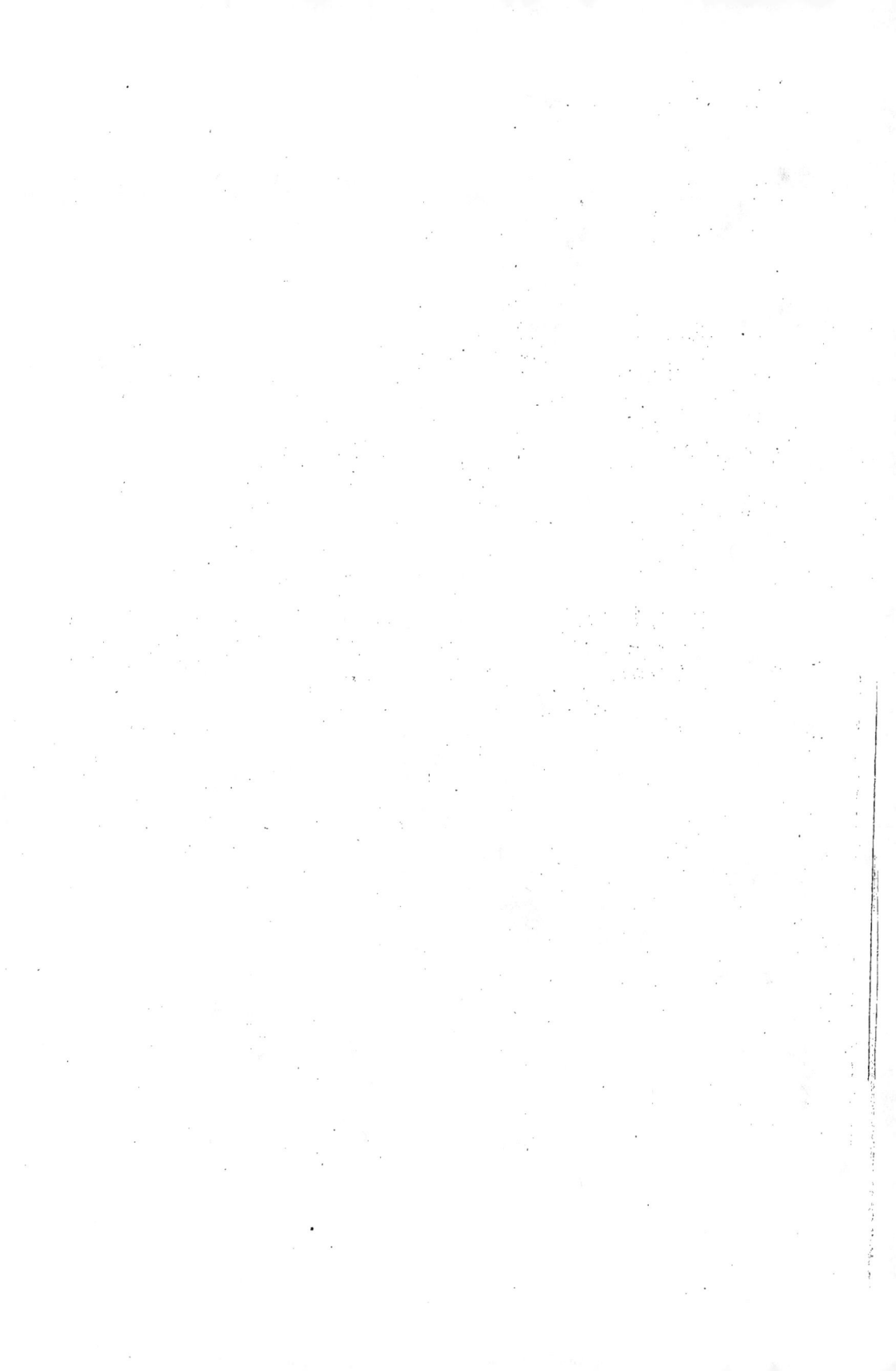

CORNICHE
DES
CARIATIDES

CORNICHE
DE
L'ORDRE CORINTHIEN

FRISE DES CARIATIDES

FRISE DE L'ORDRE CORINTHIEN

COURONNEMENT
DE
L'ORDRE SUPER.

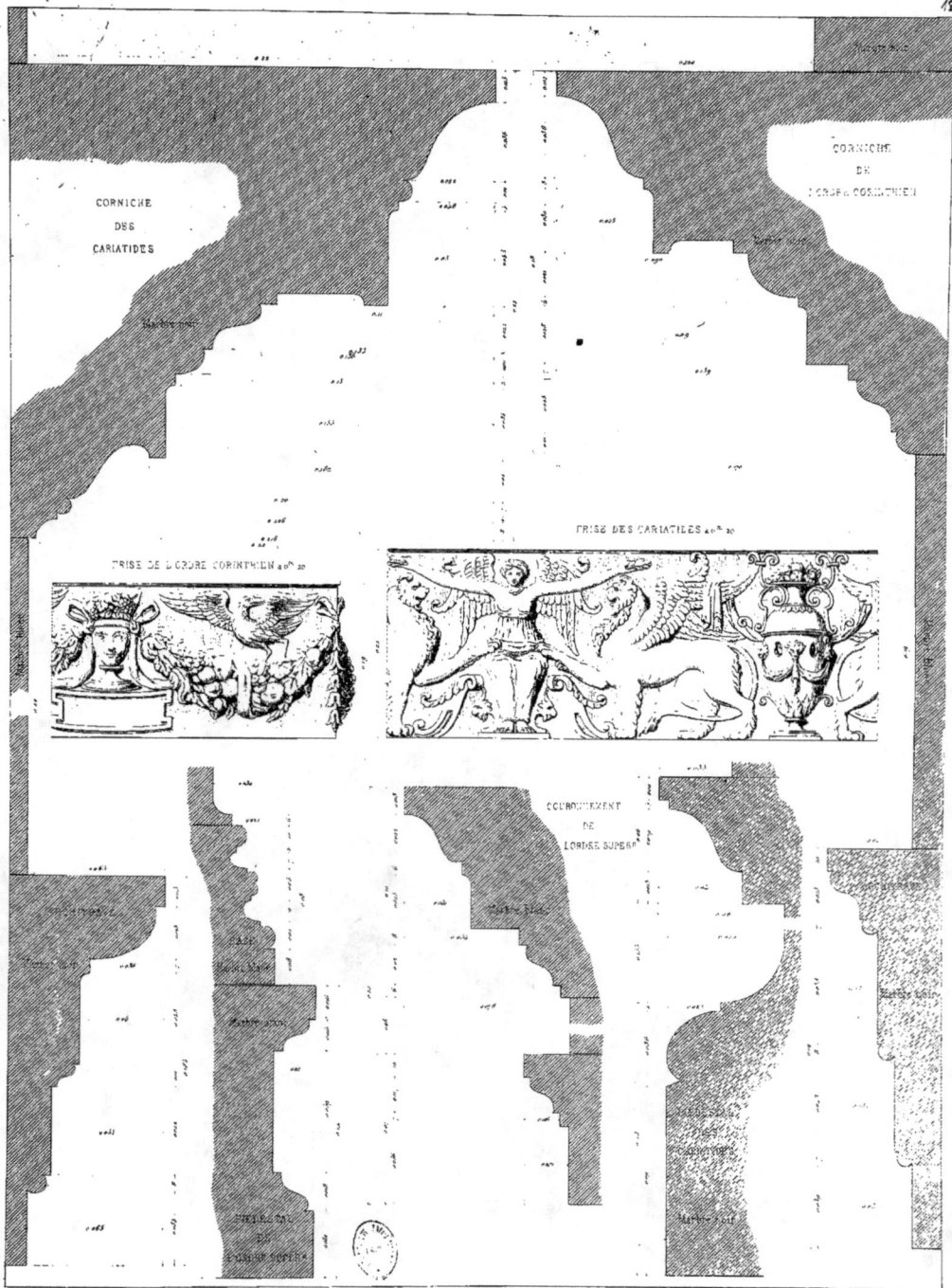

E. Rouyer Arch. del.

TOMBEAU DE LOYS DE BRÉSÉ
DANS LA CATHÉDRALE DE ROUEN. DÉTAILS.

P. HODLER ÉDITEUR

Échelle de

ÉDIFICE CONNU SOUS LE NOM D'HÔTEL D'ÉTIENNE DUVAL

COUR DE LA MONNAIE À CAEN

A. Chappuis sc

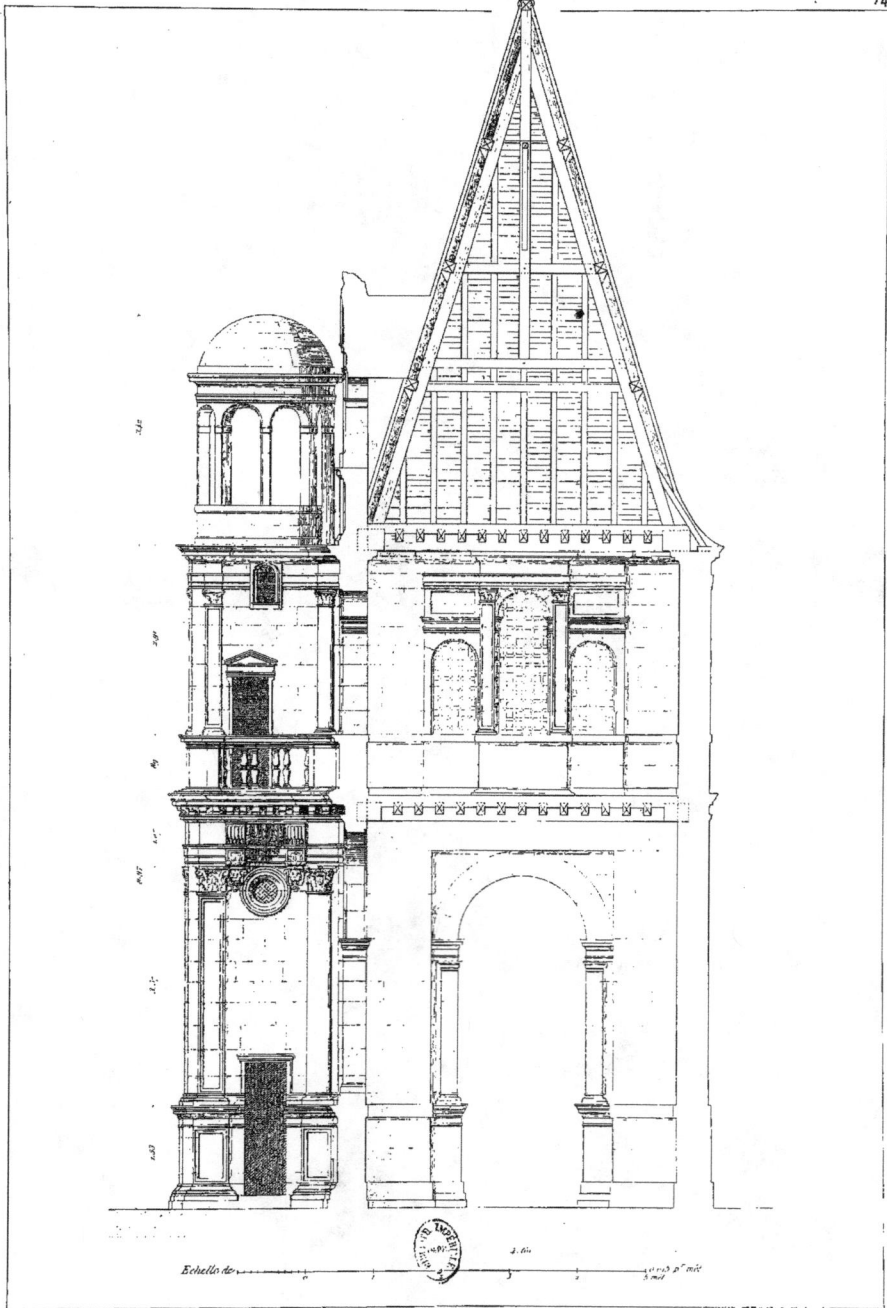

Echelle de

ÉDIFICE CONNU SOUS LE NOM D'HÔTEL D'ÉTIENNE DUVAL.

COUR DE LA MONNAIE À CAEN

E.Rouyer Arch.del.

A.Chappuis sc.

PARIS, E.NOBLET, ÉDITEUR

Imp Drouart Paris

DÉTAILS DE L'ÉDIFICE CONNU SOUS LE NOM D'HÔTEL D'ETIENNE DUVAL.

COUR DE LA MONNAIE À CAEN

PARIS, E. NOBLET, ÉDITEUR

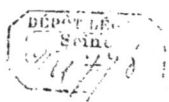

E. Rougier, Arch. del.

DÉTAILS DE L'ÉDIFICE CONNU SOUS LE NOM D'HÔTEL D'ÉTIENNE DUVAL

COUR DE LA MONNAIE A CAEN

PARIS T. NOBLET. ÉDITEUR.

Drouart Imp. Paris.

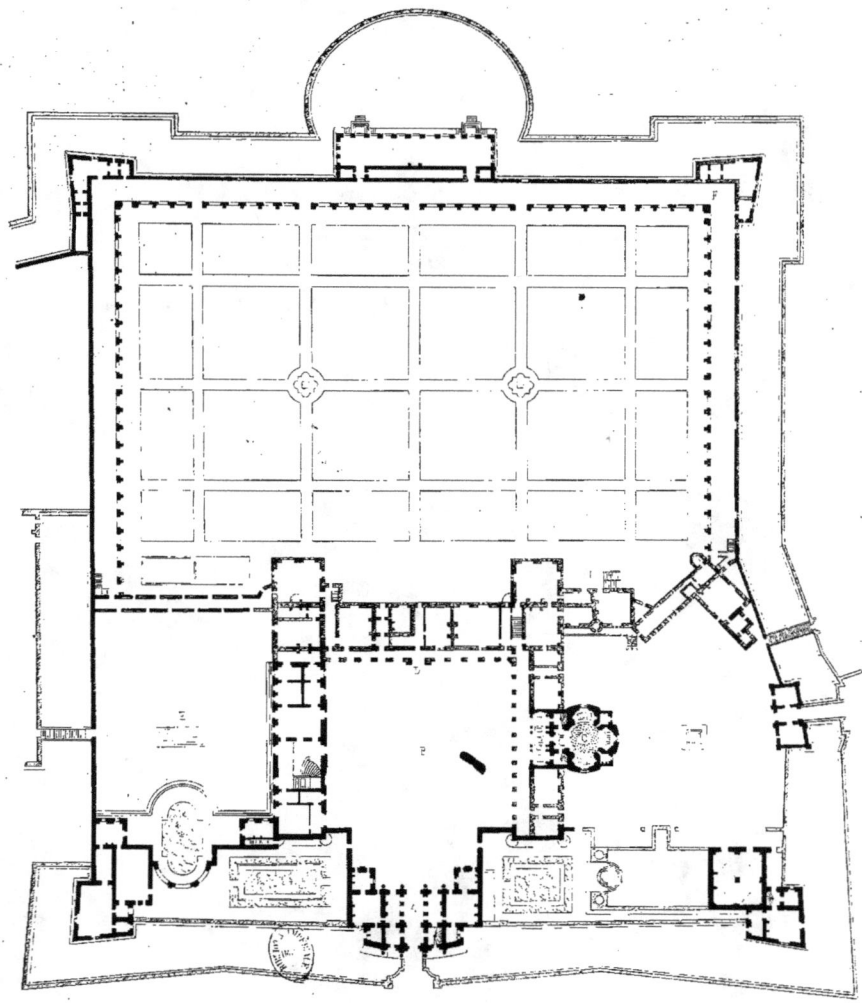

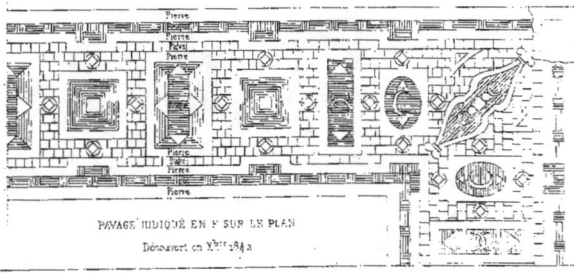

LÉGENDE

A. Entrée du Château.

B. Cour d'honneur.

C. Chapelle.

D. Motif d'Architecture placé
   dans la 1.re cour de l'École
   des Beaux-Arts à Paris

PAVAGE INDIQUÉ EN F SUR LE PLAN

Découvert en X.bre 1842

CHATEAU D'ANET
PLAN GÉNÉRAL DU CHATEAU

D'ANET
LE DE L'ENT

ENTABLEMENT INTERMÉD DE

CORNICHE SUPÉRIEURE

ORDRE DORIQUE EXTÉRIEUR

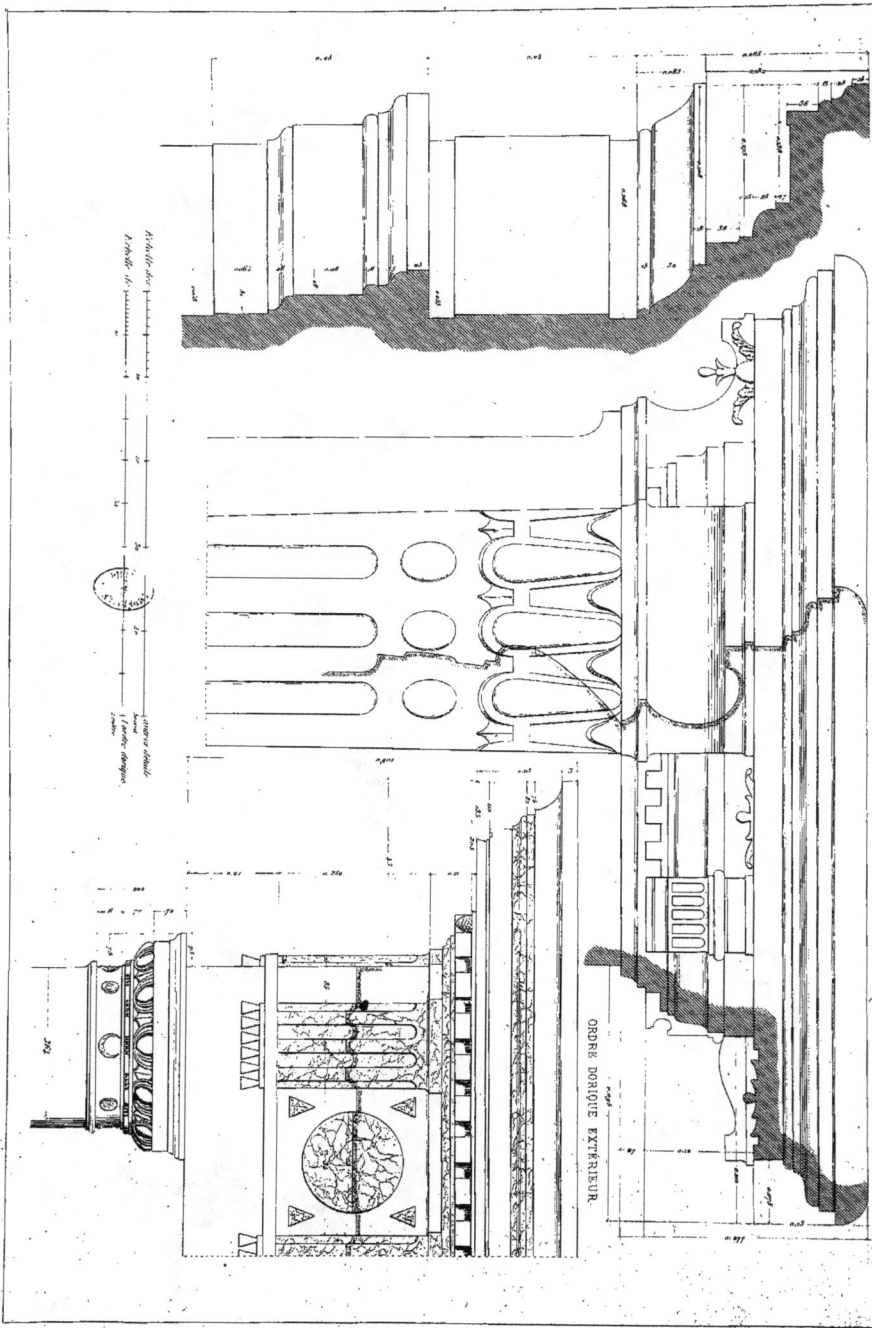

CHATEAU D'ANET
DÉTAILS DE L'ENTRÉE.

F. ROBART, ÉDITEUR.

Imp. Bernard, Paris.

E. Rouyer Arch del.

FAÇADE PRINCIPALE

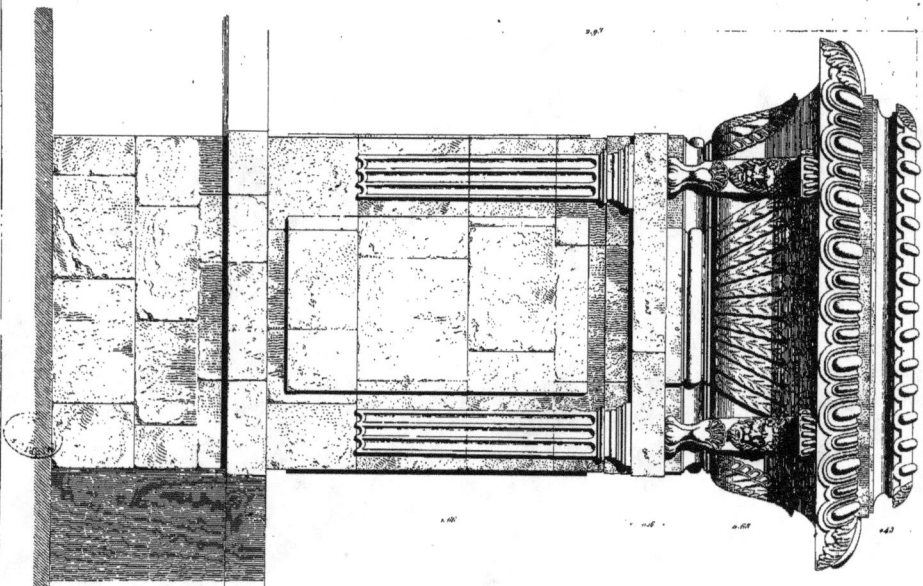

FAÇADE LATÉRALE

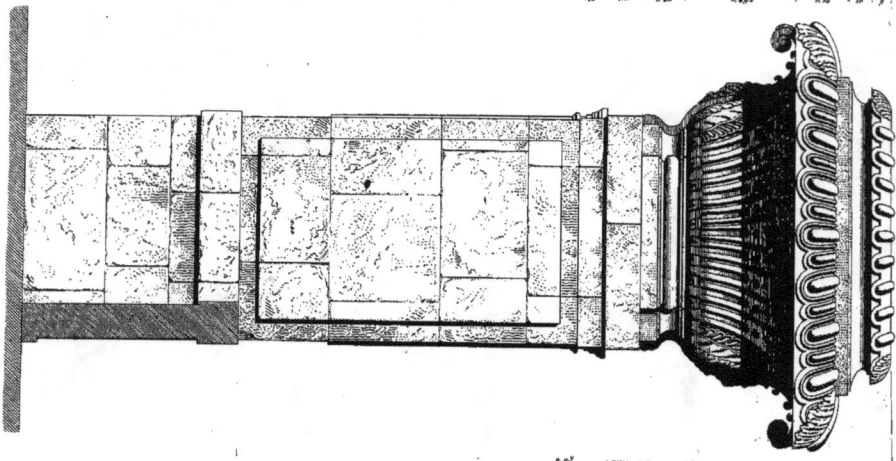

Echelle de 0<sup>m</sup> 05 pour mètre

CHÂTEAU D'ANET

PORTE D'ENTRÉE DE L'ENTRÉE

Sauvageot sc.

Demaret Imp. Paris

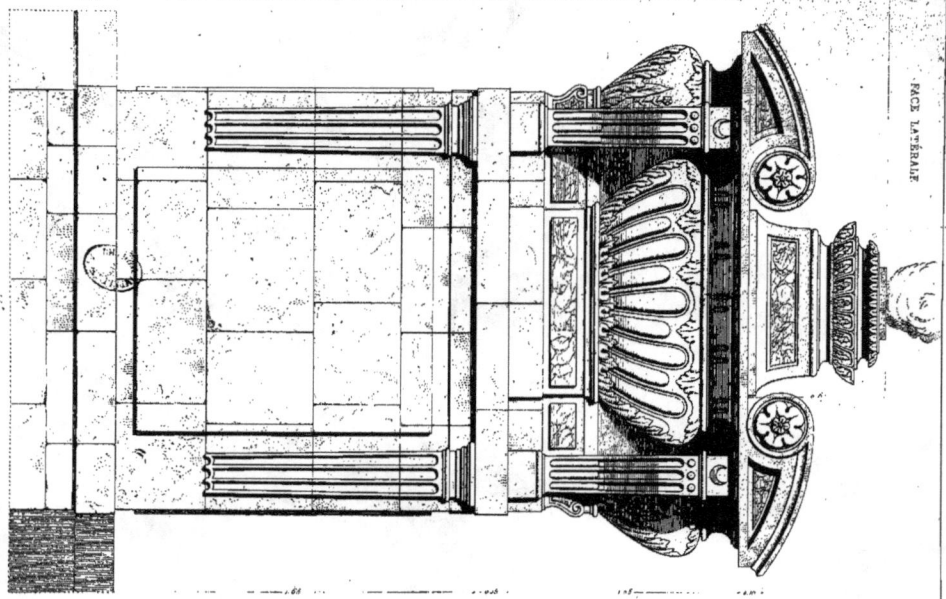

FACE LATÉRALE

ÉPOQUE DE HENRI II.

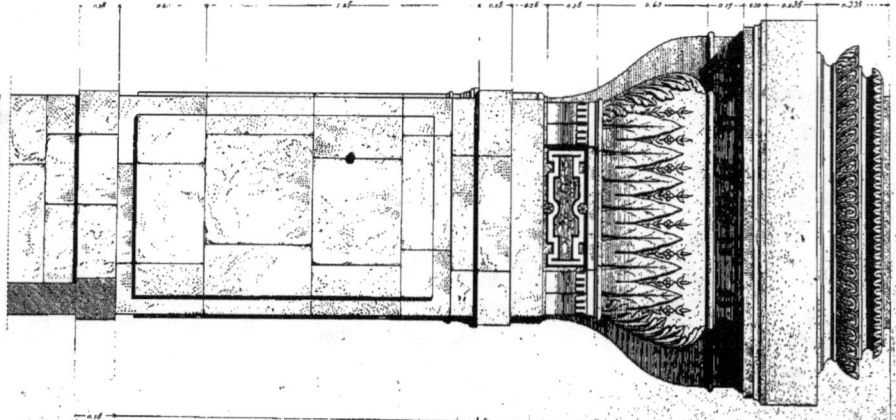

FACE PRINCIPALE

SOUCHE D'UNE CHEMINÉE DU CHATEAU D'ANET

E. Morel, Éditeur.

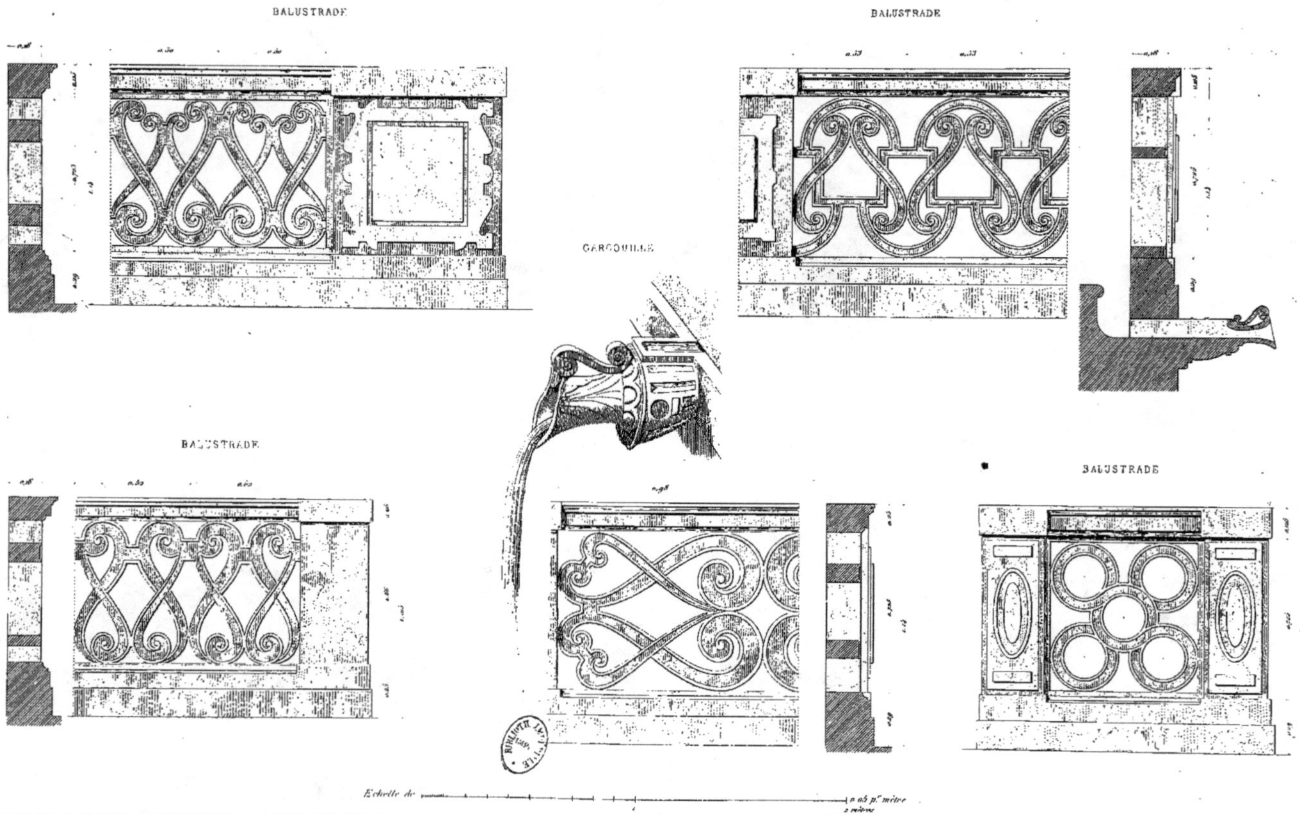

L'ART ARCHITECTURAL EN FRANCE

ÉPOQUE DE HENRI II

BALUSTRADE

BALUSTRADE

BALUSTRADE

BALUSTRADE

BALUSTRADE

GARGOUILLE

Échelle de

CHATEAU D'ANET

DÉTAILS DES BALUSTRADES DE L'ENTRÉE

F. Bourgé. Arch. del.

ENSEMBLE DU CUL DE LAMPE

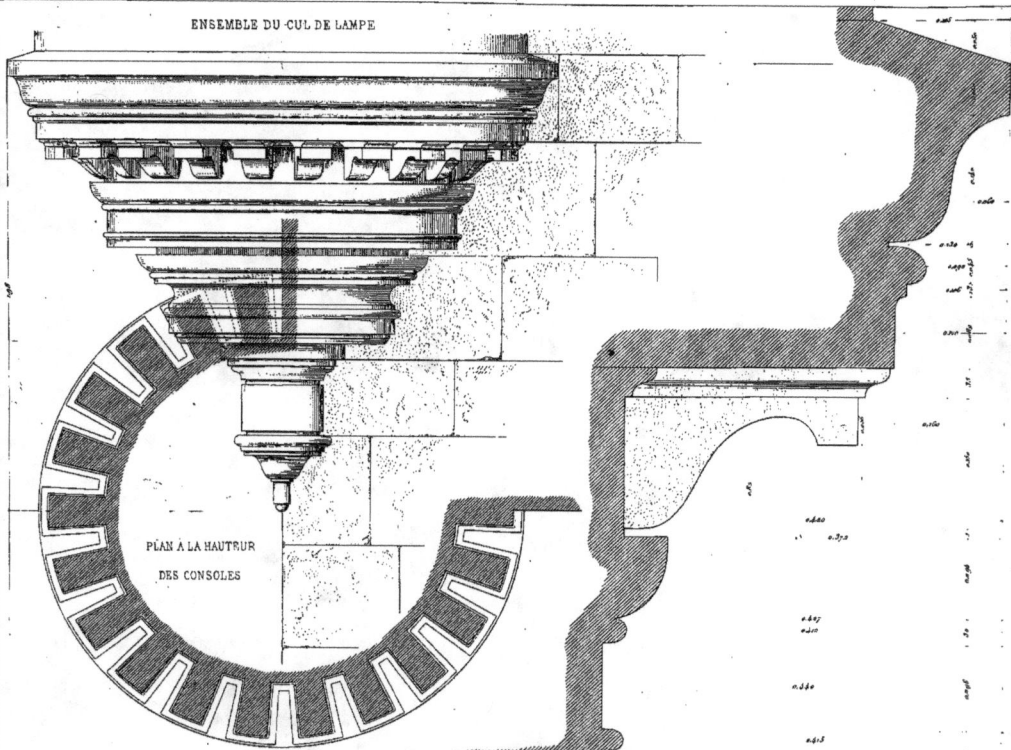

PLAN A LA HAUTEUR
DES CONSOLES

PROFIL DU CUL DE LAMPE

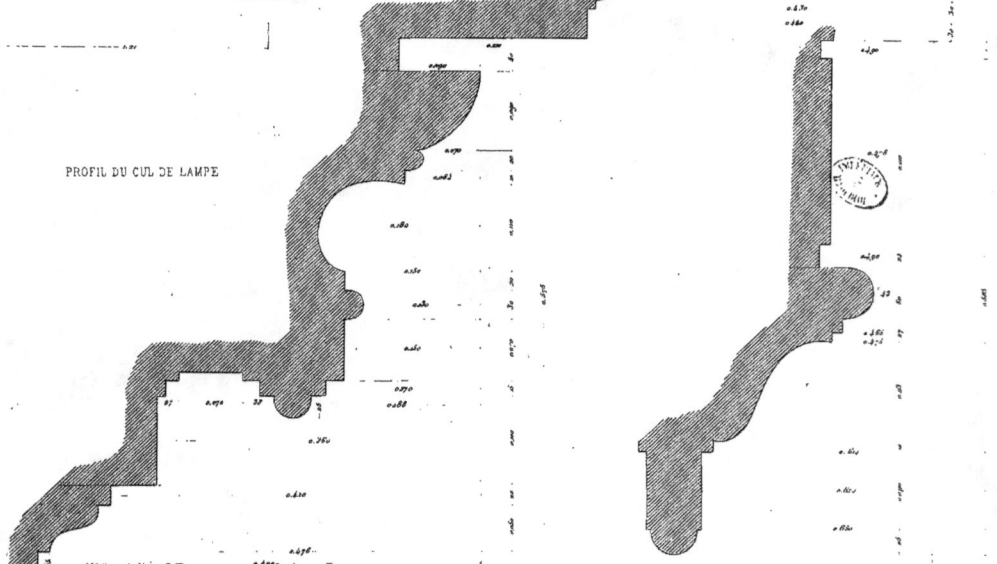

Échelle de 0<sup>m</sup> 20 pour le profil

Échelle de 0<sup>m</sup> 05 pour l'ensemble

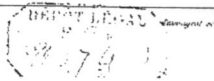

L. Rouyer arch. del.

CHATEAU D'ANET
CUL DE LAMPE

LA FONTAINE OU EST LA FIGURE DE DIANE

d'après Ducerceau

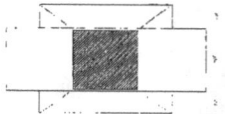
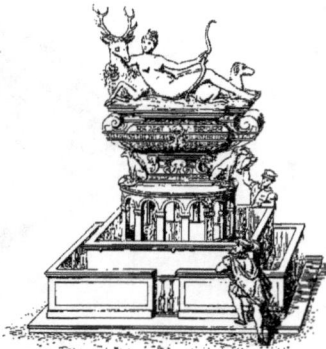

E. Rouyer Arch. del.

## CHATEAU D'ANET
### FONTAINE DE DIANE

DÉTAIL DE LA TRIBUNE

Echelle de 0m10 pour le détail

ENSEMBLE DE LA TRIBUNE

Echelle de 0.03

F. Rouyer arch. del.

CHATEAU D'ANET

TRIBUNE DE LA CHAPELLE

C. MORLET EDITEUR

FACE DE LA PORTE À L'INTÉRIEUR DE LA CHAPELLE

ÉGLISE Ste CLOTILDE (AUX ANDELYS)

ÉLÉVATION DU PORTAIL LATÉRAL

F. Lenoir et F. Baillet, del.

A. Chapuis, sc.

COUPE SUR E F G H

PLAN A LA HAUTEUR C D

PLAN A LA HAUTEUR A B

Échelle de

EGLISE S⁺ᵉ CLOTILDE AUX ANDELYS

PLAN ET COUPE DU PORTAIL LATÉRAL

ÉPOQUE DE HENRI II

ÉGLISE STE CLOTILDE AUX ANDELYS

DÉTAIL DU PORTAIL LATÉRAL

PETITES ARCADE SUPÉRIEURES

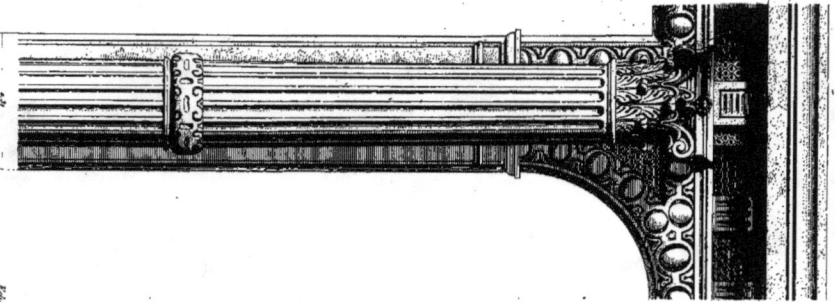

PETITES CARIATIDES

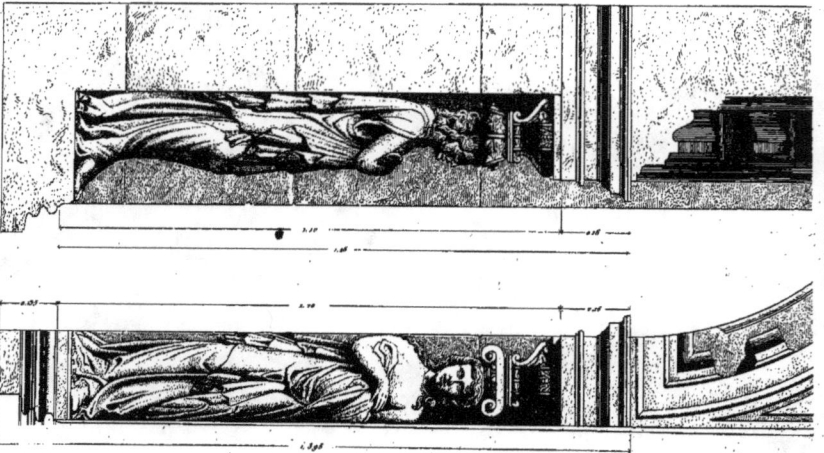

PARIS, L. MORLAY, ÉDITEUR.

L. Rouyer Arch. del.

N. Chapuy sc.

31

Echelle de

A. Chappuis sc.

ÉGLISE STE CLOTILDE AUX ANDELYS.

GRANDES CARIATIDES DU PORTAIL LATÉRAL

PARIS, A. MOREL, ÉDITEUR

Drouart Imp. Paris

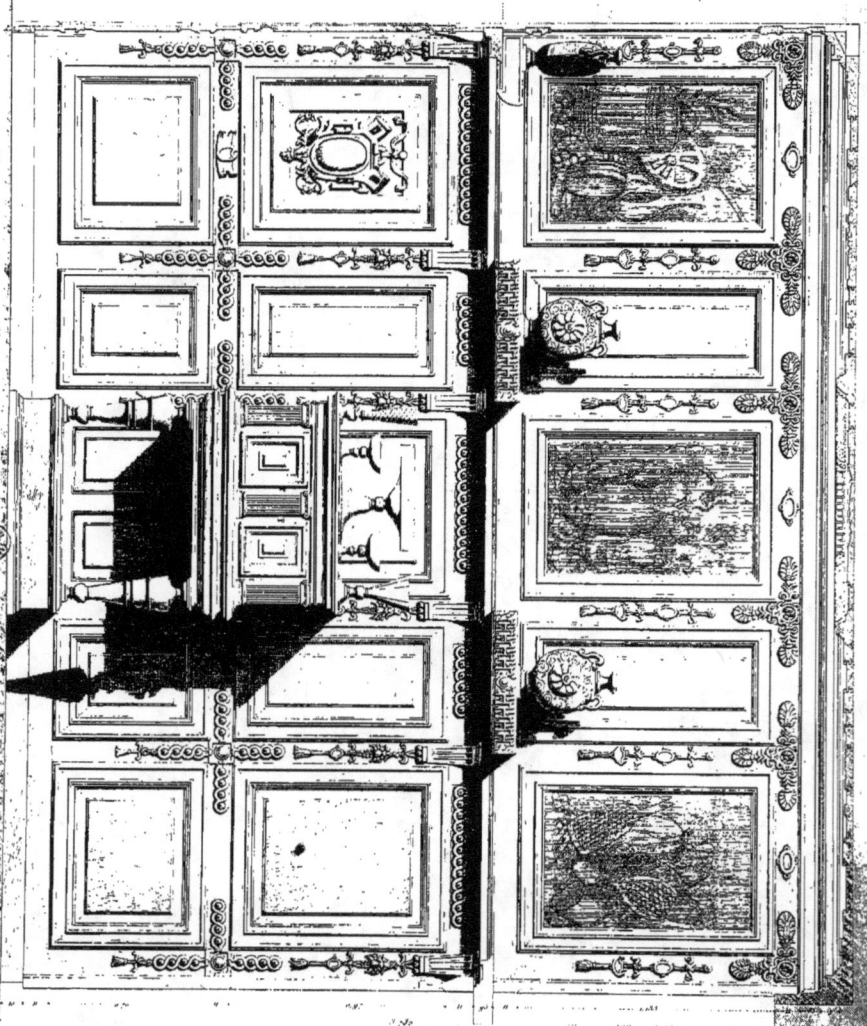

Echelle de

PLAN DE PLAFOND

E. Bouyer Arch del

Échelle de

CHATEAU DU PAILLY

ENTRÉE DE L'ESCALIER

E. Sauvageot Arch. del.

A Guillaumot sc

Imp. Drouart Paris

A. Guillaumot. Sc. 1861.

L. Nouyer. Arch. del.

A. Guillaumot sc.

CHATEAU DU FAILLY
GRANDES CONSOLES DE LA FAÇADE

PARIS A. MOREL, ÉDITEUR

Imp. Drouart Frères.

COUPE DU PLAFOND

Echelle de 0.™ 10 p.™ mètre

PLAN DU PLAFOND

E. Rouyer Arch. del

CHATEAU D'ANCY LE FRANC

PLAFOND DE LA CHAMBRE DES ARTS

A. LOPLET EDITEUR

CHATEAU D'ANCY-LE-FRANC

DÉTAILS DE LA CHAMBRE DU CARDINAL.

PARIS, A. MOREL ÉDITEUR

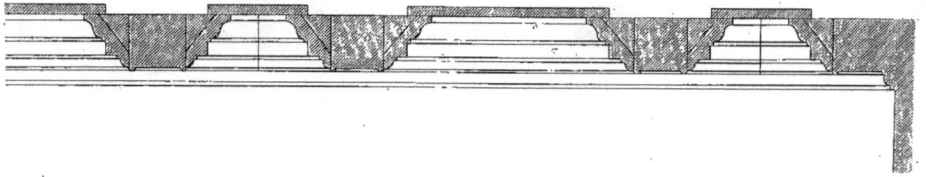

PLAN DU PLAFOND

CHÂTEAU D'ANCY LE FRANC A M. LE MARQUIS DE CLERMONT TONNERRE

PLAFOND DE LA SALLE DU PASTOR FIDO

E. NOBLET ÉDITEUR

Echelle de 0<sup>m</sup>10 p<sup>r</sup> mètre

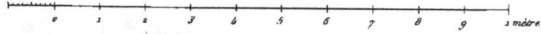

CHATEAU D'ANCY-LE-FRANC
PLAFOND DE LA CHAMBRE DES FLEURS

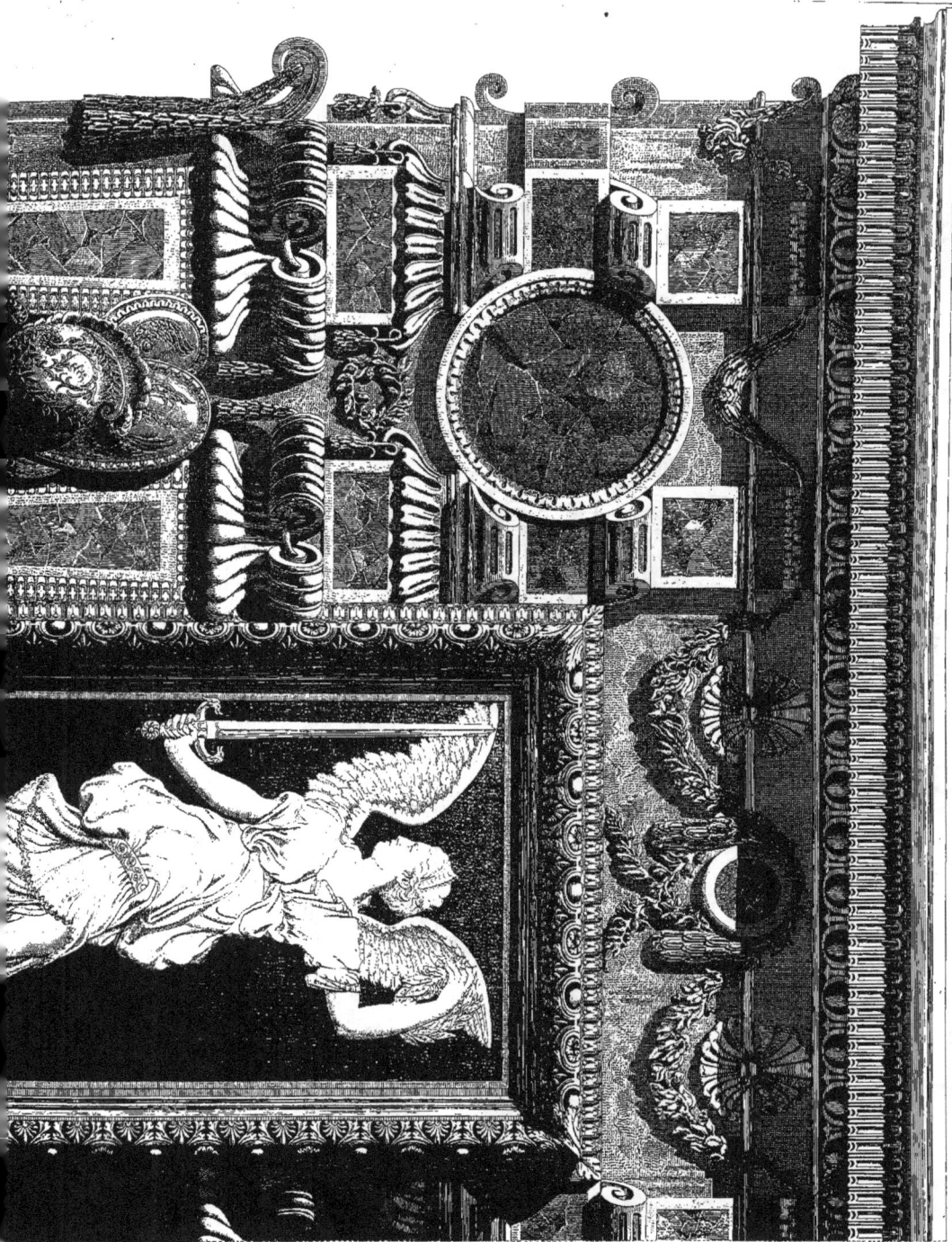

CHÂTEAU D'ECOUEN

CHEMINÉE DE LA SALLE NAPOLÉON

Imp. Bénard Paris

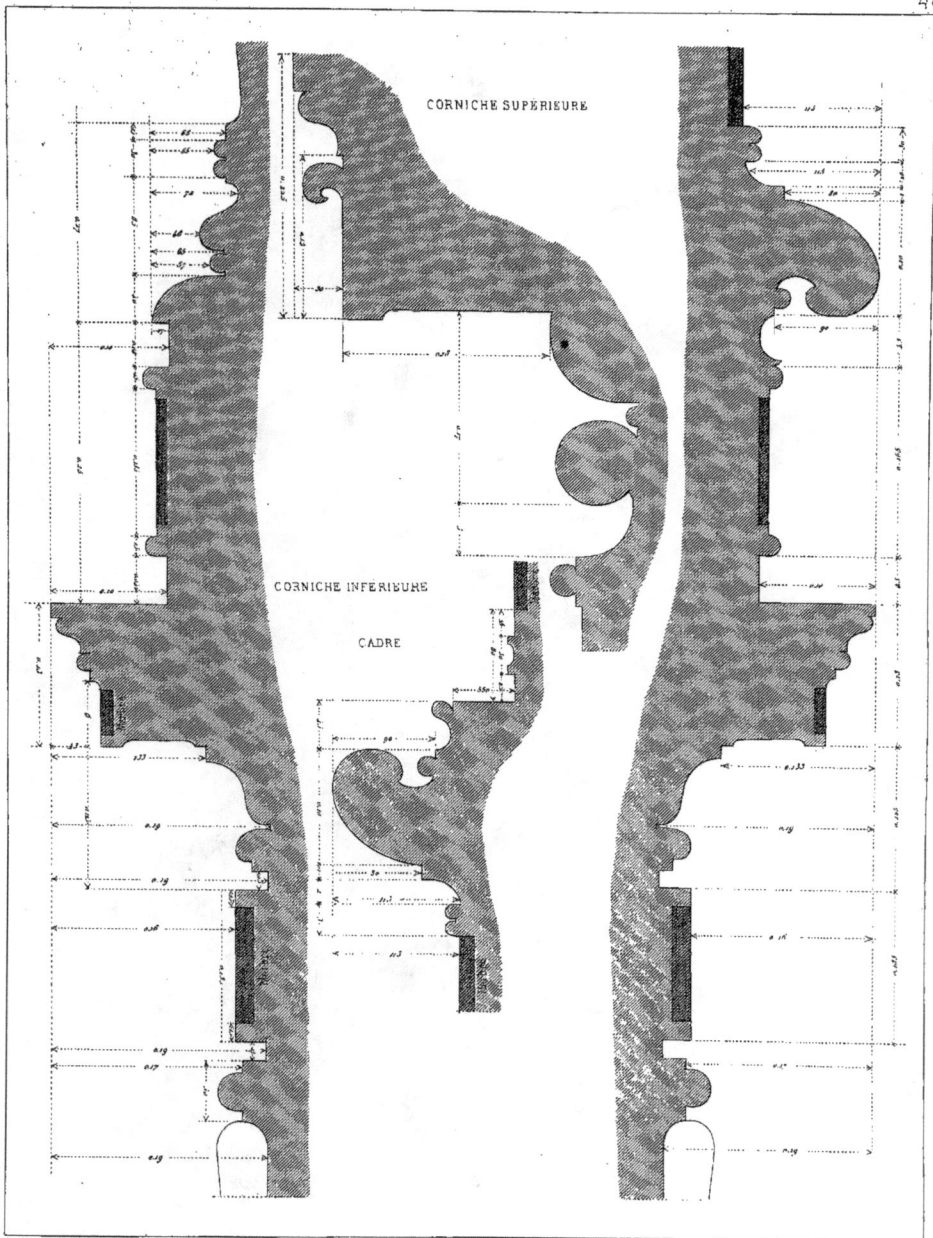

CORNICHE SUPÉRIEURE

CORNICHE INFÉRIEURE

CADRE

E. Rouyer Arch. del.

Scotter sculp

Echelle de

CHATEAU D'ÉCOUEN

PROFIL DE LA GRANDE CHEMINÉE _ SALLE NAPOLEON

PARIS, C. MOHLET, ÉDITEUR

Dumont Imp. Paris

ENTRÉE DE SERRURE                    VERROU

HEURTOIR                             HEURTOIR

E. Hurgier Archit. del.                          J. Chappuis se.

SERRURERIE DU CHATEAU D'ÉCOUEN

PARIS. E. NOBLET. EDITEUR                    Pernnet Imp. Paris

PORTE AU CHATEAU D'ECOUEN

HOTEL DE VOGÜE A DIJON
PORTE D'ENTRÉE

F. NOBLET ÉDITEUR

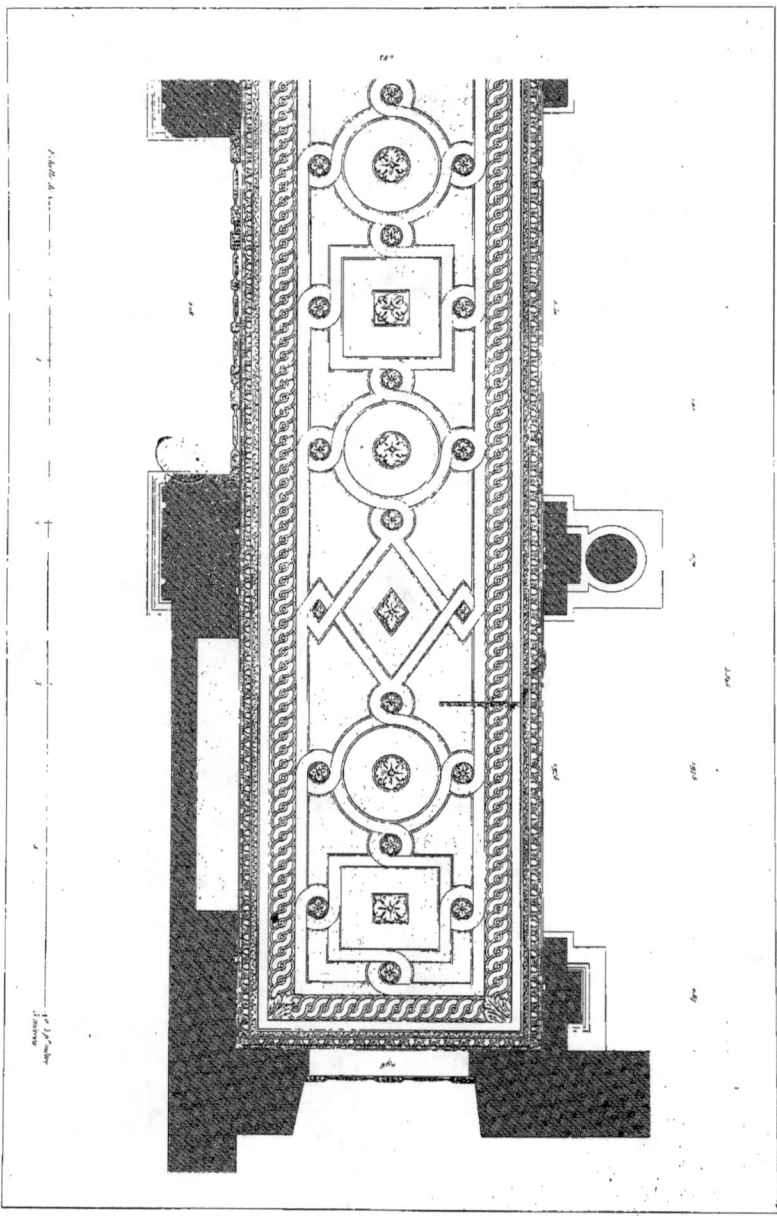

HOTEL DE VOGUÉ À DIJON
PLAFOND DU PORTIQUE D'ENTRÉE

HOTEL DE VOGUE A DIJON
CHEMINEE DE LA SALLE DES GARDES

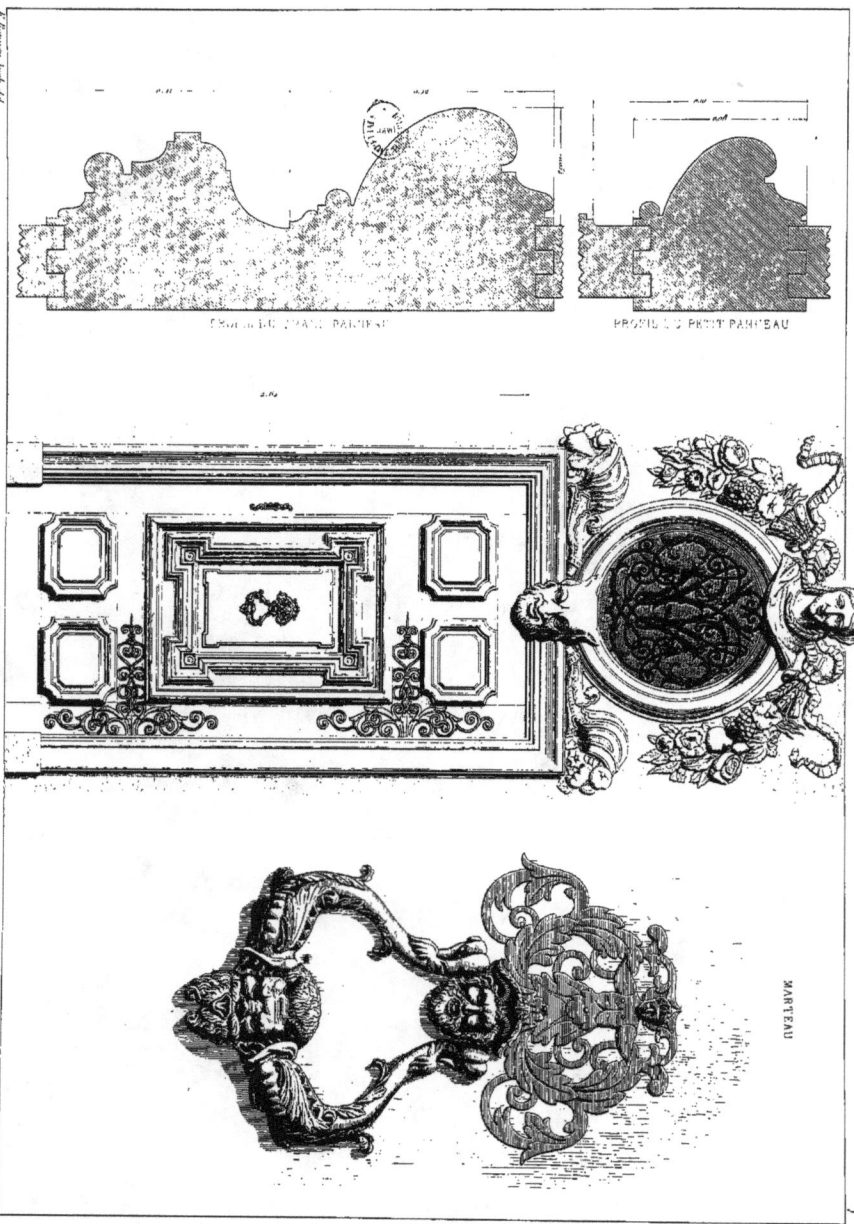

ÉPOQUE DE HENRI IV

PORTE D'UNE MAISON

MARTEAU

PROFIL DU GRAND PANNEAU

PROFIL DU PETIT PANNEAU

SVITE DV REIGNE DV ROY LOVIS XIII

L.XIII

CHATEAU DE BEAUREGARD PRÈS DE BLOIS

LAMBRIS DE LA GALERIE

G. RIOULT EDITEUR

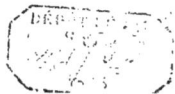

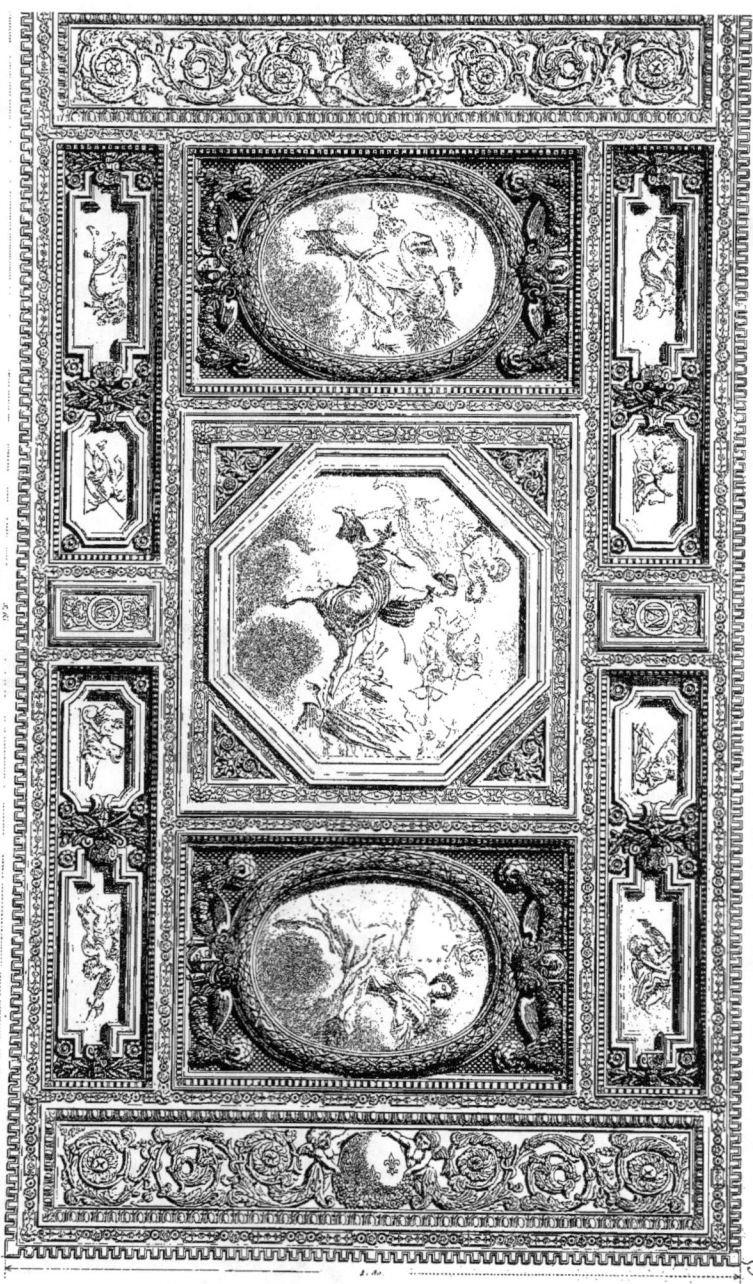

HOTEL DE SULLY à PARIS RUE St ANTOINE

LAMBRIS D'UN SALON

E. DOB...ET EDITEUR

INTÉRIEUR DE ST NICOLAS DU CHARDONNET

A UNE TOILE CHARGÉE A GAUCHE

Imp. Bequet Rr. de Damiette, Paris

L'ART ARCHITECTURAL EN FRANCE

ÉPOQUE DE LOUIS XIII

PORTE DE LA SALLE DES GARDES

PORTE DANS LA SALLE DES GARDES

CHATEAU DE CHEVERNY PRES DE BLOIS

PORTES DE LA SALLE DES GARDES

Échelle de

L'ART ARCHITECTURAL EN FRANCE
ÉPOQUE DE HENRI IV

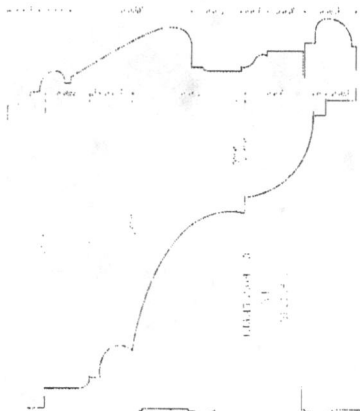

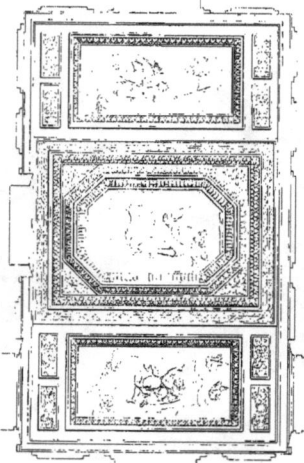

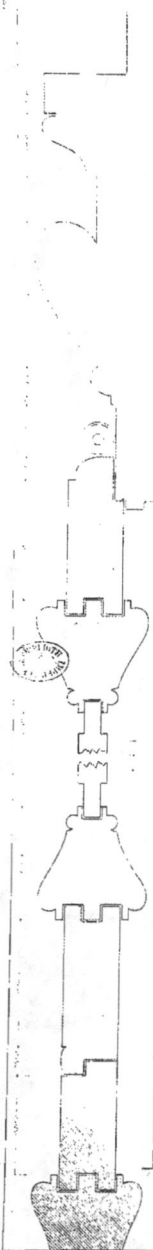

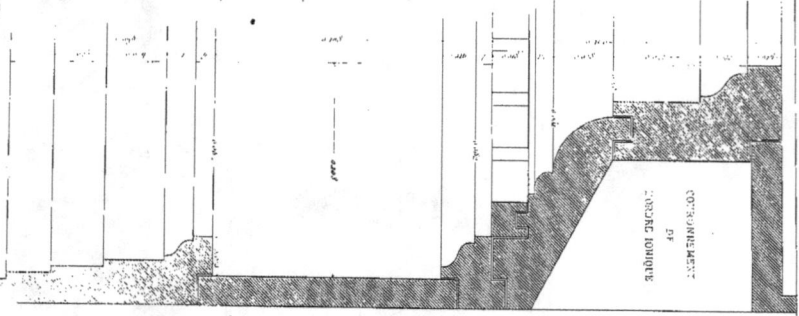

E. Rouyer Arch. del.

HOTEL DE VILLE DE LYON

DÉTAIL D'UNE CHEMINÉE.

A. Chappuis sc.

PARIS, E. NOBLET, ÉDITEUR

Imp. Drouart, Paris

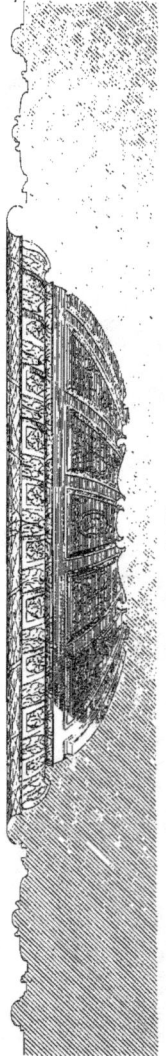

CORNICHE DE LA PORTE

PORTE

ARABESQUES DE LA PORTE

ARABESQUES DU SOUBASSEMENT

ARABESQUES DE LA PORTE

CHAMBRANLE DE LA PORTE

CHAMBRANLE DE LA FENÊTRE

CADRE OCTOGONAL DU PORTRAIT

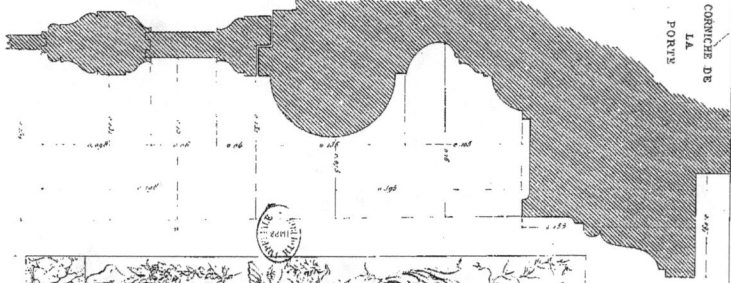

SALON D'ANNE D'AUTRICHE A FONTAINEBLEAU

DÉTAILS

SALON D'ANNE D'AUTRICHE À FONTAINEBLEAU.
FRAGMENT DU PLAFOND

RINCEAU DANS LA GRANDE GORGE DU PLAFOND

AUTRE RINCEAU DANS LA MÊME GORGE

PARTIE DE FRISE

Échelle de

SALON D'ANNE D'AUTRICHE À FONTAINEBLEAU
DÉTAILS DU PLAFOND

E. MOREL, ÉDITEUR

PROFIL D MOTIÉ D'EXÉCUTION

CORNICHE DANS L'ESCALIER

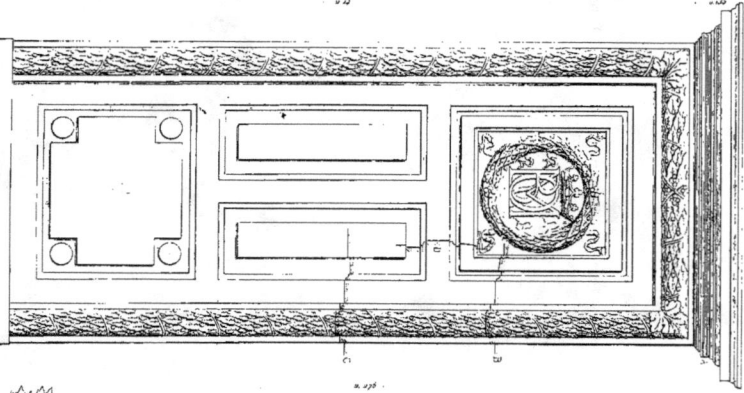

PETITE PORTE EN CHÊNE SCULPTÉ

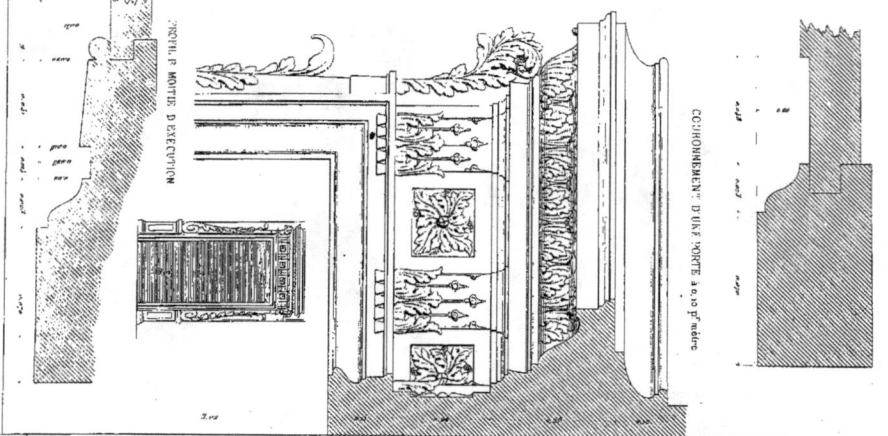

PROFIL B MOTIÉ D'EXÉCUTION

PROFIL C MOTIÉ D'EXÉCUTION

COURONNEMENT D'UNE PORTE

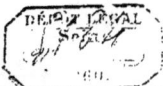

E. Bauger Arch. del.

Nellier se.

Echelle de

BIBLIOTHÈQUE IMPÉRIALE  ANCIEN PALAIS MAZARIN.

VOUSSURE D'UNE SALLE AU 1ᵉʳ ÉTAGE

PARIS E. NOBLET ÉDITEUR

Imp. Hennet, Paris

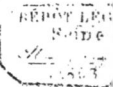

HOTEL DE LAUZUN (ILE St LOUIS A PARIS)

GRANDE CHAMBRE DE PARADE

PARIS A. MOREL, EDITEUR

ORNEMENTS PEINTS SUR
DES CADRES DE PORTES

PILASTRE D'ENCADREMENT DE LA GLACE

ORNEMENTS PEINTS

PILASTRE          GLACE

E. Rouyer Arch. del.

Échelle de

A. Chappuis sc.

HÔTEL DE LAUZUN (ILE St LOUIS À PARIS)

DÉTAILS DE LA CHAMBRE DE PARADE

PARIS, E. NOBLET, ÉDITEUR

Imp. Drouart Paris

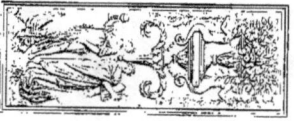

HÔTEL DE LAUZUN ILE St LOUIS A PARIS

CHAMBRE A COUCHER CÔTE DE LA CHEMINÉE.

K.NOBLET ÉDITEUR.

Imp. Brouart Paris

HÔTEL DE LAUZUN ILE St LOUIS A PARIS

CHAMBRE A COUCHER

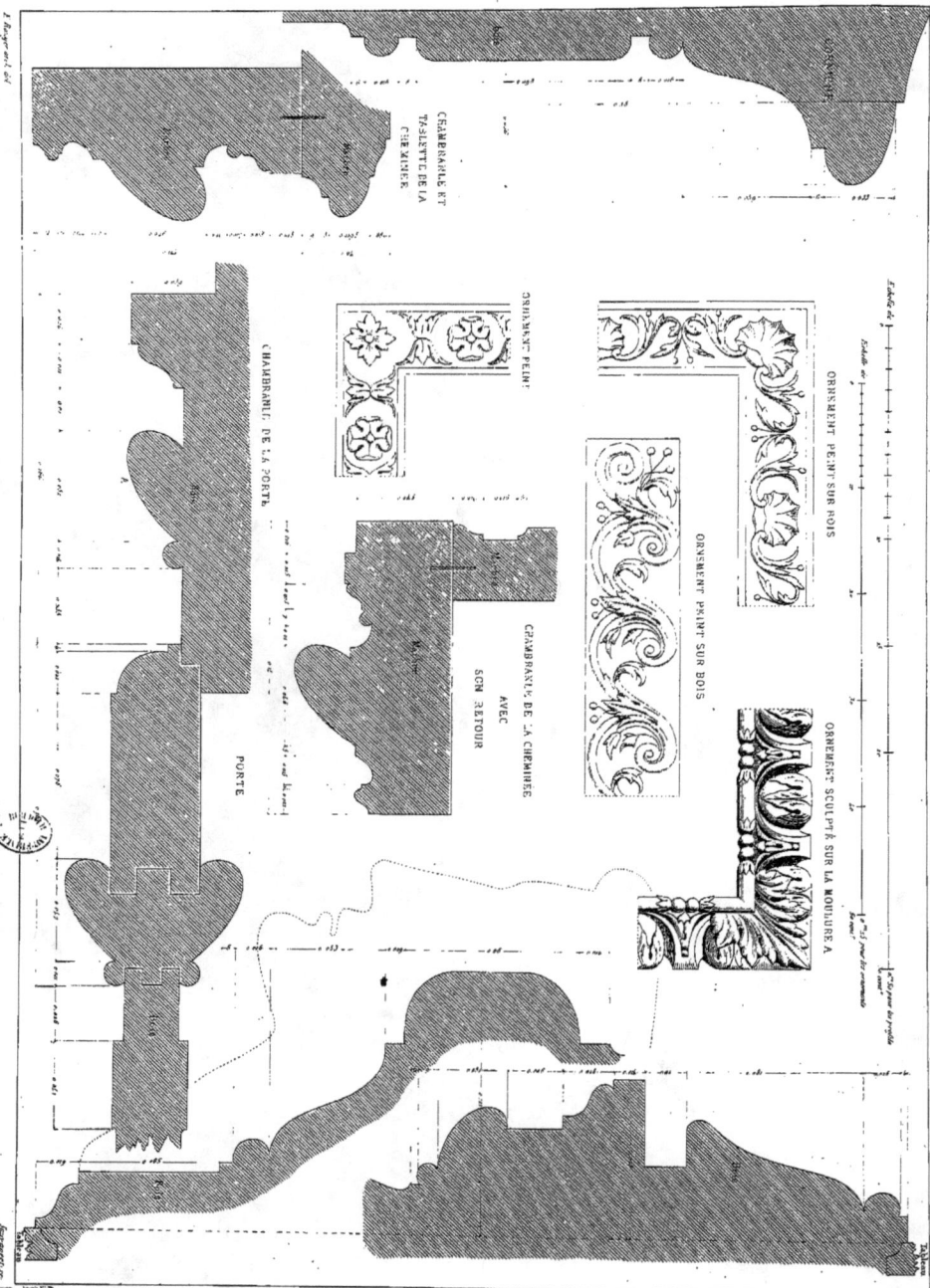

L'ART ARCHITECTURAL EN FRANCE
ÉPOQUE DE LOUIS XIV. 1657.

ORNEMENT PEINT SUR BOIS

ORNEMENT PEINT SUR BOIS

ORNEMENT SCULPTÉ SUR LA MOULURE A.

ORNEMENT PEINT

CHAMBRANLE DE LA PORTE.

PORTE.

CHAMBRANLE DE LA CHEMINÉE.
AVEC
SON RETOUR.

CHAMBRANLE ET
TABLETTE DE LA
CHEMINÉE.

HÔTEL DE LAUZUN (ILE ST LOUIS) A PARIS.
DÉTAILS DE LA CHAMBRE À COUCHER.

E. HOBLET, ÉDITEUR

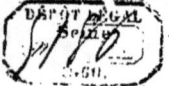

76

Saurugent sc

HÔTEL DE LAUSUN (ILE St LOUIS A PARIS)

CABINET. COTE DE LA FENÊTRE

E. HOBLET ÉDITEUR

Prévost Imp. Paris

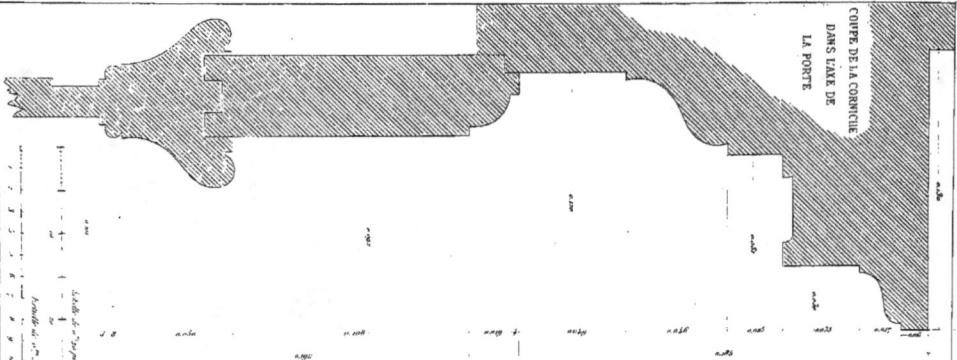

COUPE DE LA CORNICHE DANS L'AXE DE LA PORTE

CHAMBRANLE ET TABLETTE DE LA CHEMINÉE

ORNEMENTS PEINTS

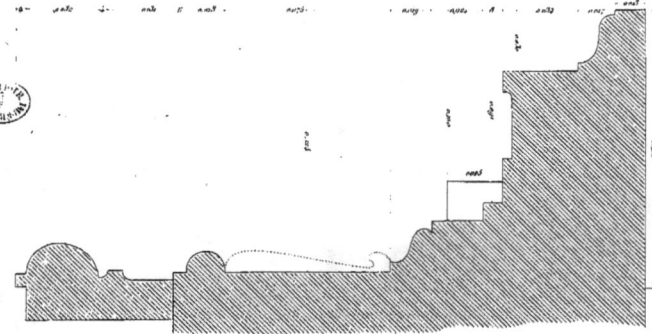

COUPE DE LA CORNICHE DANS L'AXE DE LA GLACE

PILASTRE IONIQUE

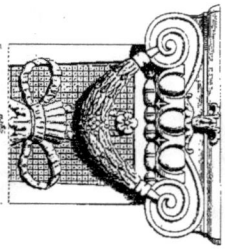

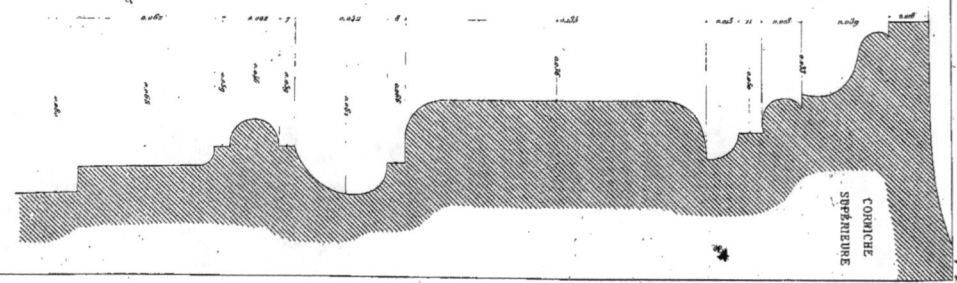

CORNICHE SUPÉRIEURE

HÔTEL DE LAUSUN DE St LOUIS À PARIS

DÉTAILS DU CABINET

E. Rouyer Arch. del.

A. Chappuis sc.

PALAIS DE JUSTICE DE RENNES

PORTE DANS LA SALLE DES ÉTATS

PARIS, E. NOBLET, ÉDITEUR.

Imp. Drouart Paris

E. Rouyer. Arch. del.

A. Chapuis.

PALAIS DE JUSTICE DE RENNES
PORTE DE LA 2ᵉ CHAMBRE D'AUDIENCE

PARIS. E. NOBLET, ÉDITEUR

Imp. Pennart, Paris.

PALAIS DE JUSTICE DE RENNES
PORTE DE LA 1re CHAMBRE D'AUDIENCE

PARIS E NORLET, ÉDITEUR

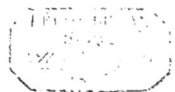

E. Bouyer Arch. del.

PALAIS DE JUSTICE DE RENNES

CHEMINEE DE LA 1re CHAMBRE D'AUDIENCE

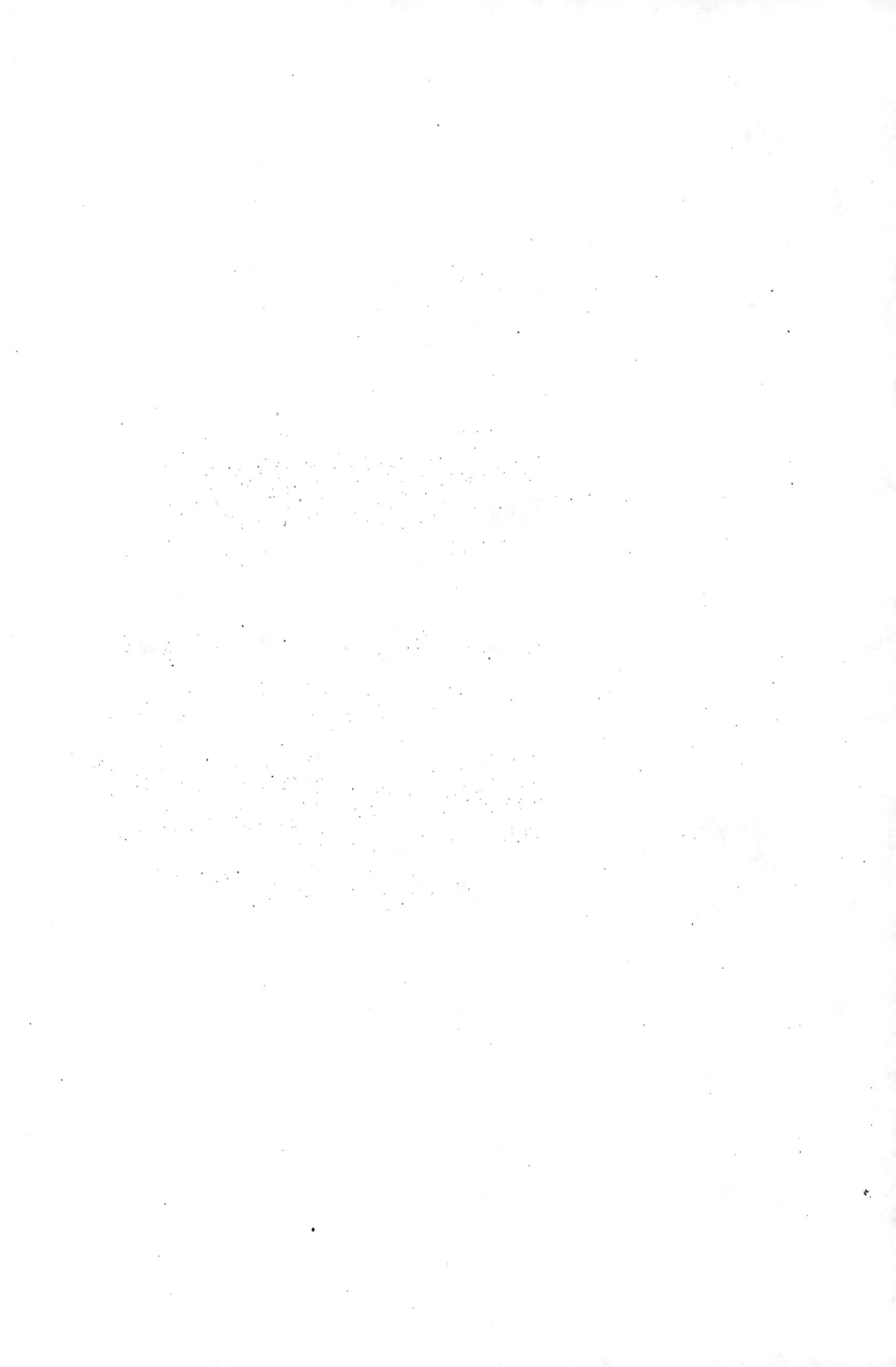

ÉLÉVATION

COUPE SUR AB

Bois

Bois

Marbre

Bois

Marbre

Bois

Échelle de

E. Bouyer Arch. del.

PALAIS DE JUSTICE DE RENNES
1ere CHAMBRE D'AUDIENCE _ DÉTAIL DE LA CHEMINÉE

PARIS, E. MORLET ÉDITEUR
Imp. Dessaux Paris.

COFFRE DE LA
CHEMINEE

PALAIS DE JUSTICE DE RENNES
PLAFOND DE LA 1ʳᵉ CHAMBRE D'AUDIENCE

E. NOBLET ÉDITEUR PARIS

HÔTEL DE VILLE DE LYON

GRANDE CHEMINÉE

PARIS E. MORLET, ÉDITEUR

Imp. Decourt, Paris

HÔTEL DE VILLE DE LYON

DÉTAIL D'UNE CHEMINÉE

PARIS, E. MOREL, ÉDITEUR

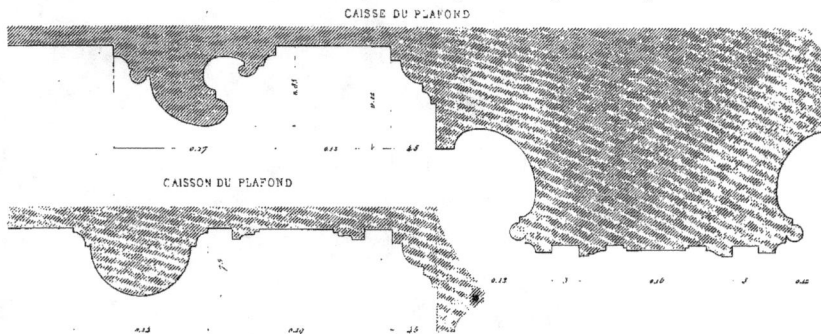

CAISSE DU PLAFOND

CAISSON DU PLAFOND

ENSEMBLE DE LA MOITIE DE LA BIBLIOTHÈQUE

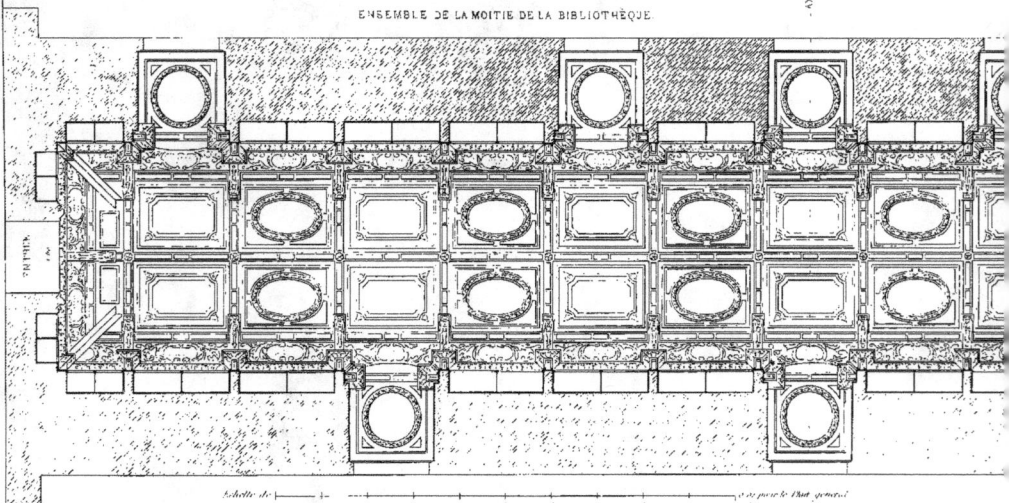

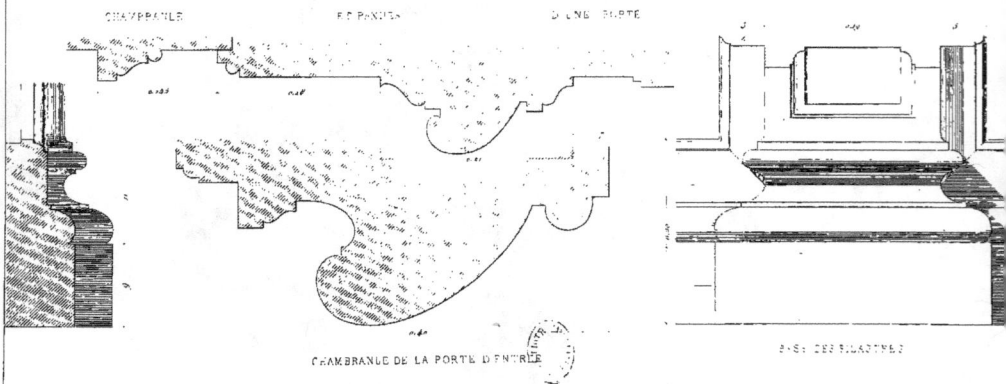

CHAMBRANLE DE LA PORTE D'ENTRÉE

E. Rouyer, Arch. del.

A. Chappuis sc.

BIBLIOTHÈQUE DANS L'HÔPITAL GÉNÉRAL

A REIMS

PLAN GÉNÉRAL ET DÉTAILS

E. NOBLET, ÉDITEUR, PARIS

Drouart, Imp. Paris

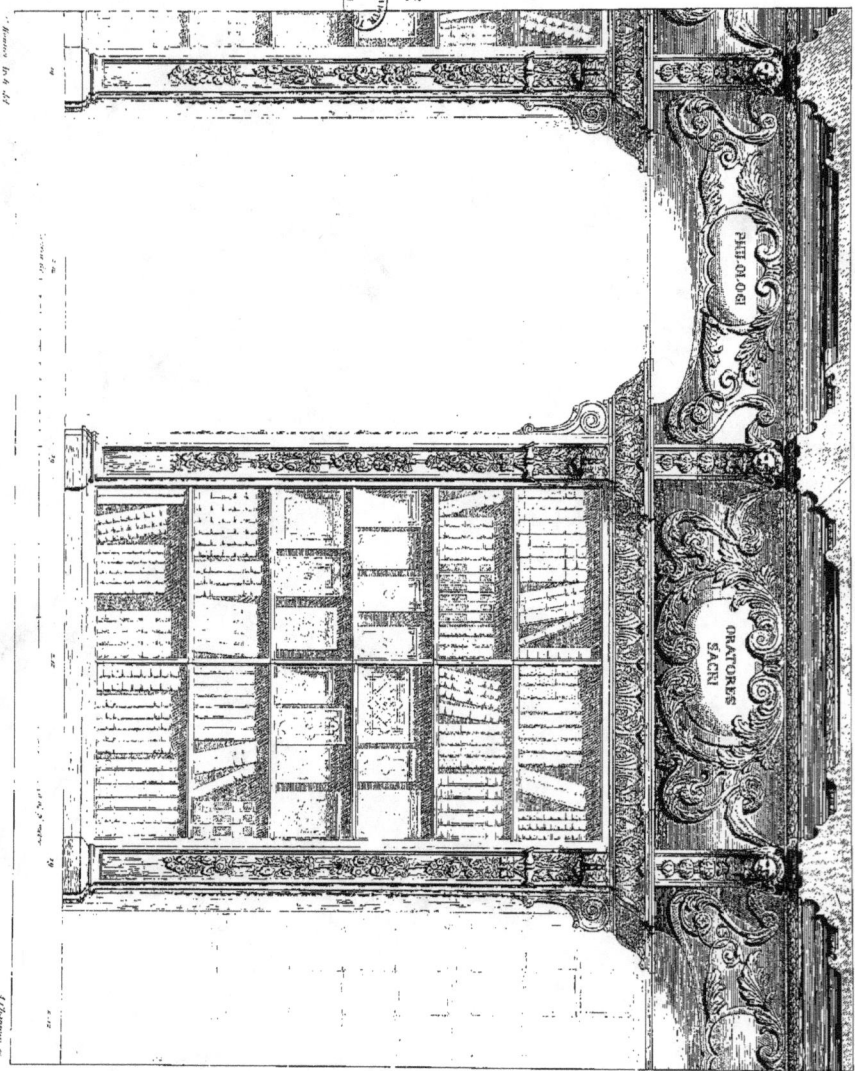

BIBLIOTHÈQUE DANS L'HÔPITAL GÉNÉRAL
A PÉKIN
ANCIEN COUVENT DES JÉSUITES

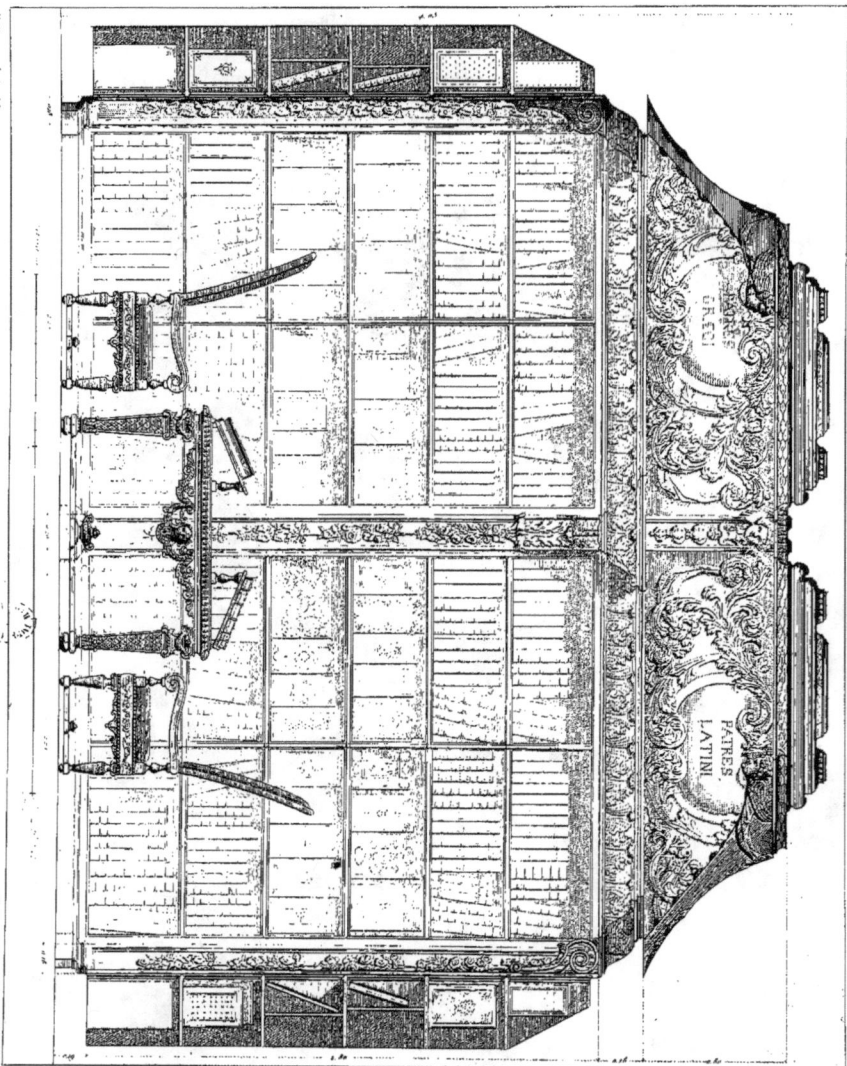

L'ART ARCHITECTURAL EN FRANCE

ÉPOQUE DE LOUIS XIV

BIBLIOTHÈQUE DANS L'HÔPITAL GÉNÉRAL

A REIMS

TRAVÉE DU PLAFOND

E. MORLOT ÉDITEUR, PARIS

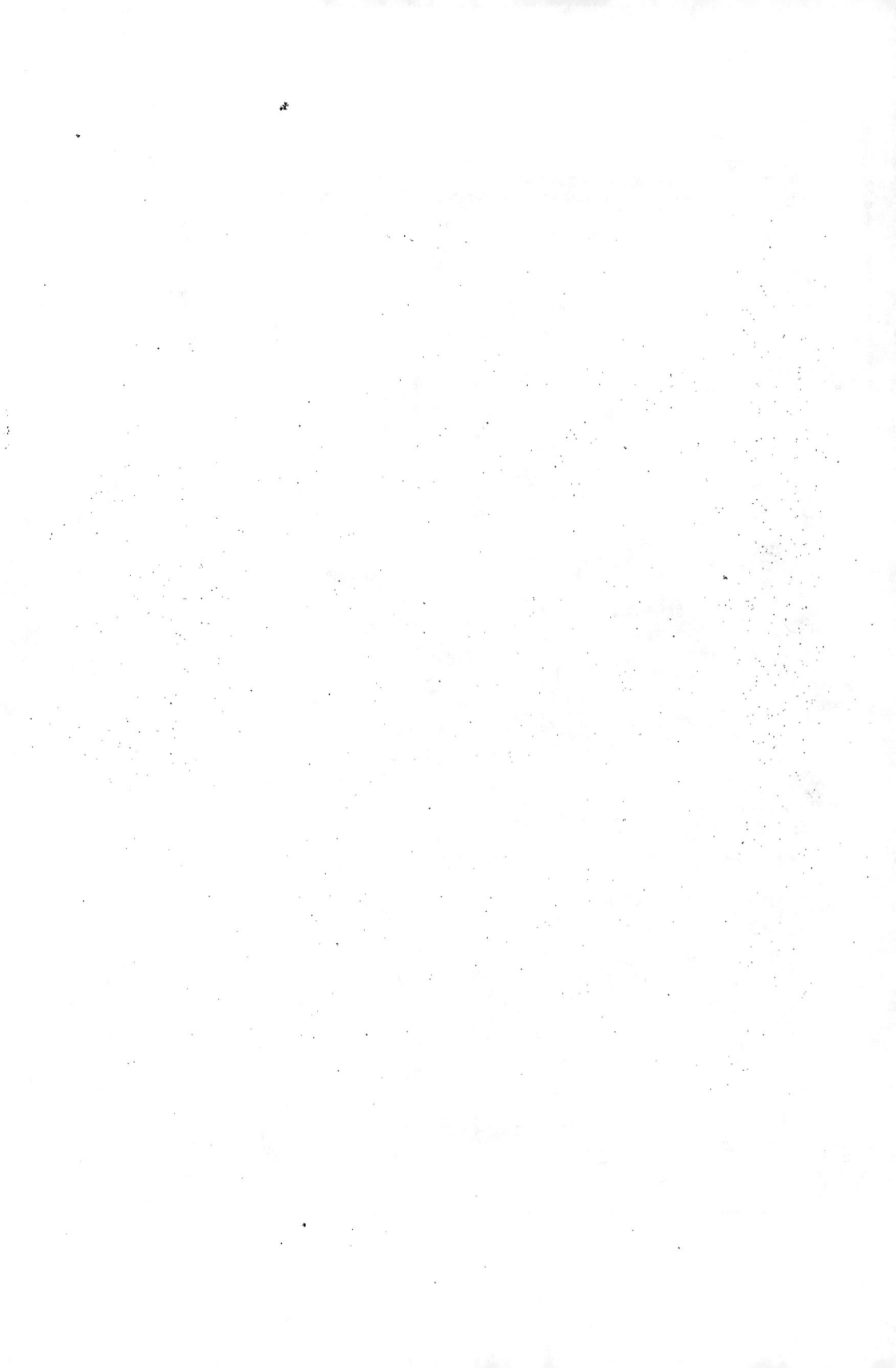

A. Rouyer Arch. del.

SALON DE L'HOTEL D'ORMESSON (RUE DU VAL S.TE CATHERINE) PARIS

A. Chappuis sc.

Echelle de

F. Rougeu Arch. del.

A. Chappuis sc.

SALON DE L'HOTEL DE MELUN

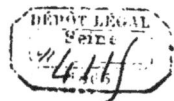

Frise supérieure (Peinte)

Console au dessus de la Cheminée
(Sculptée)

Panneau (Peint)

Cadre de la Glace
(Sculpté)

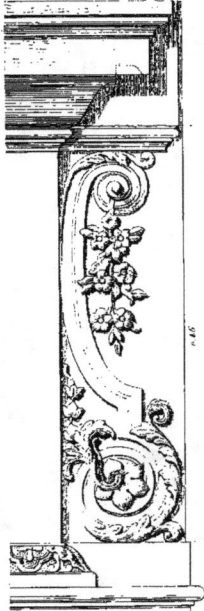

Panneau (Sculpté)

Motif au dessus de la Cheminée (Peint)

Echelle de

E. Rouyer Arch. del.

A. Chappuis

SALON DE L'HOTEL D'ORMESSON
RUE DU VAL Ste CATHERINE PARIS
DÉTAILS

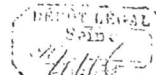

Imp. Drouart Paris

Corniche au dessus de la Cheminée

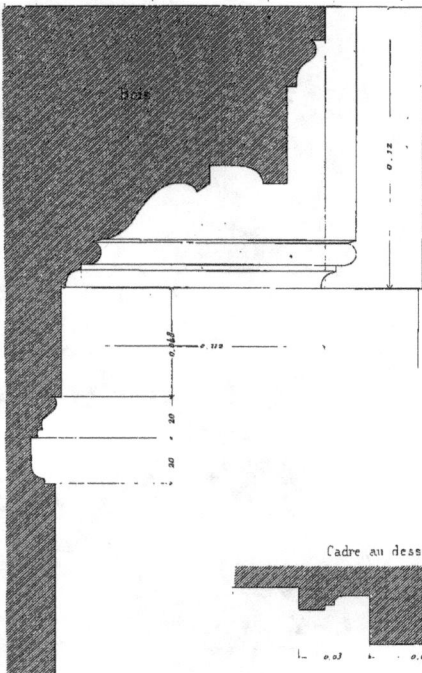

Corniche supérieure

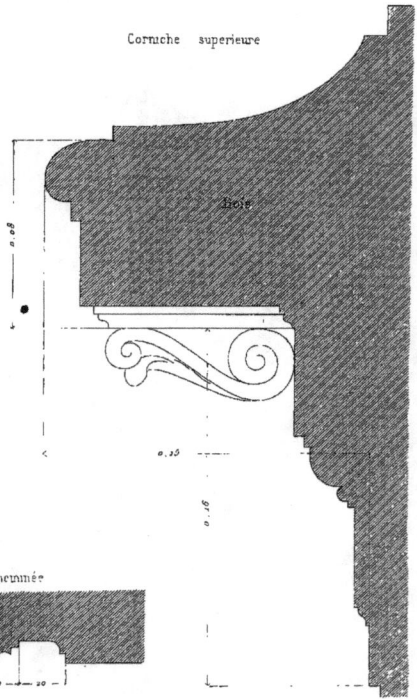

Bois

Bois

Cadre au dessus de la Cheminée

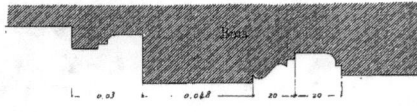

Bois

Cadre de la Glace

Chambranle de la Porte

Porte

Bois

Bois

Bois

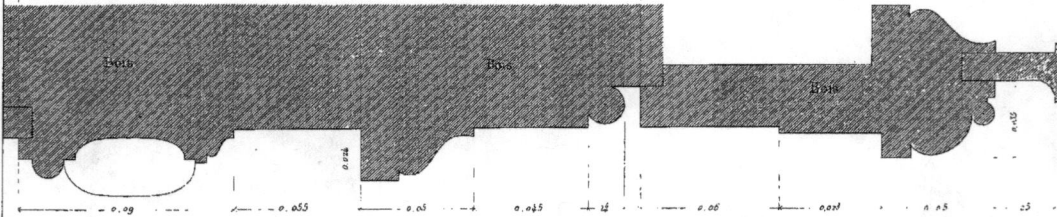

Cadre du Portrait

Chambranle de la Cheminée

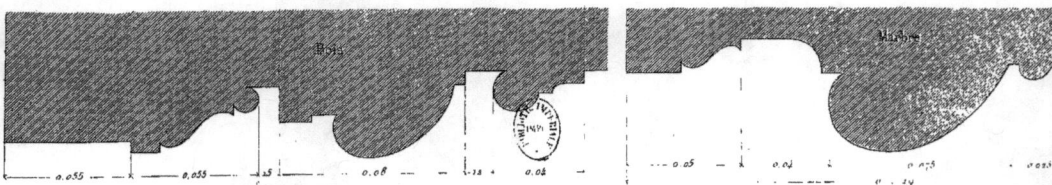

Bois

Marbre

Echelle de

E. Rouyer Arch. del.

A. Chappmouse

SALON DE L'HÔTEL D'ORMESSON

RUE DU VAL Ste CATHERINE PARIS

PROFILS DE LA MENUISERIE

PARIS. E. NOBLET ÉDITEUR.

Imp. Drouart Paris.

CHATEAU DE BERCY
SALON DU 1er ETAGE

E. Rouyer Arch. del

A. Chappuis sc.

Imp. Drouart Paris

Échelle de

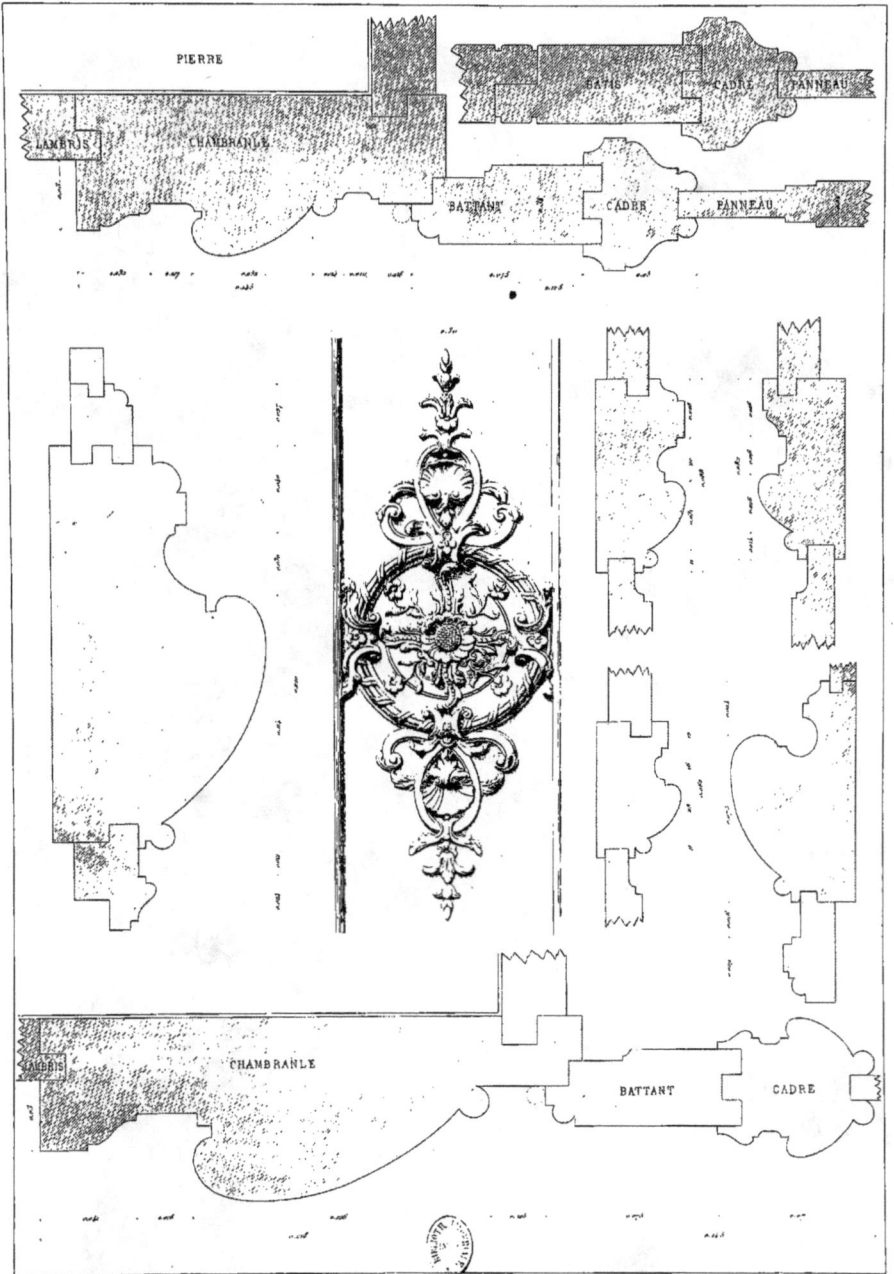

PIERRE

BATIS CADRE PANNEAU

LAMBRIS CHAMBRANLE

BATTANT CADRE PANNEAU

CHAMBRANLE

LAMBRIS

CHAMBRANLE

BATTANT CADRE

E. Rouyer Arch. del

A. Chappuis sc.

CHATEAU DE BERCY
DÉTAILS MOITIÉ D'EXÉCUTION

E. NOBLET EDITEUR

Imp. Drouart Paris

Échelle de

Héliographie del. d'après une Photographie

CHATEAU DE BERCY

DESSUS DE PORTE

Imp. Lemercier Paris

www.ingramcontent.com/pod-product-compliance
Lightning Source LLC
Chambersburg PA
CBHW050500270326
41927CB00009B/1832